JN383090

위대한 동물 사전

Cuentos de animales que han cambiado el mundo
Text by Marcelo E. Mazzanti, Illustrations by Mar Guixé
ⓒ 2019 Antonio Vallardi Editore S. u. r. l., Milán
Gruppo editoriale Mauri Spagnol S. p. A., Milán.

Korean Translation Copyright ⓒ 2021 Lime Co., Ltd.
Arranged through Icarias Agency, Seoul.

이 책의 한국어판 저작권은 이카리아스 에이전시를 통해
Antonio Vallardi Editore S. u. r. l.과 독점 계약한 ㈜라임에 있습니다.
저작권법에 의하여 한국 내에서 보호를 받는 저작물이므로 무단 전재와 복제를 금합니다.

위대한 동물 사전

마르셀로 마잔티 글 | 마르 귀세 그림 | 김지애 옮김

라임

들어가는 말
그 무엇보다 특별한 동물 친구들

　전 세계에는 대략 8백만 종의 동물들이 살고 있어요. 여러분도 그중 하나예요. 이 책에 나오는 동물들도 마찬가지랍니다. 여러분이 아는 사람들도 마찬가지죠. 부모님? 친구들? 선생님? 맞아요, 전부 그중 하나예요.

　물론 무언가를 할 수 있고, 또 생각할 수 있는 건 우리 인간들뿐이에요. 그 무언가가 그리 많은 건 아니지만, 그걸 할 수 있고 없고는 굉장히 중요한 차이거든요.

　그렇긴 해도 유전학적으로 인간은 고릴라와 95퍼센트 정도 일치해요. 고양이와는 90퍼센트, 믿기 힘들 테지만 바나나하고도 60퍼센트가량 일치하지요.

　그런 점에서 봤을 때, 우리가 동물들을 엄청 좋아하는 게 그리 이상한 일은 아니에요. 어떤 이들은 동물을 사람만큼이나 좋아하잖아요. 실제로 개는 사람을 배신하는 일이 거의 없고, 고양이는 우리가 기쁠 때나 슬플 때 그 누구보다 잘 알아채어요. 코끼리는 한 번 본 사람을 평생 잊지 않는다지요? 돌고래는 사람과

노는 것을 무척 좋아하고요.

지능이 높은 동물 중에는 사람보다 훨씬 나은 경우도 더러 있어요. 좀체 믿기 힘들겠지만 문어나 까마귀가 가장 영리한 생명체 중 하나로 꼽히기도 하거든요.

힘이나 시각, 후각 등 신체적 능력을 내세운다면 우리는 그들과 비교조차 할 수 없어요. 이 세상에 얼마나 많은 슈퍼 영웅이 존재하는지 상상을 초월할 정도니까요.

이를테면 거미처럼 뛰어난 균형 감각을 갖고 있거나 물고기처럼 물속에서 엄청난 속도로 헤엄칠 수 있는 슈퍼 영웅들 말이에요. 개가 몇 시간 전에 지나간 누군가의 흔적을 쫓는 걸 본 적 있다면 후각이 얼마나 뛰어난지 충분히 짐작할 수 있을 거예요.

동물을 좋아하나요? 하늘을 훨훨 날고 싶었던 적이 있나요? 혹시 여러분 방이 동물원처럼 꾸며져 있지는 않나요? 그렇다면 이 책은 바로 여러분을 위한 거예요.

이 책에는 50마리가 넘는 특별한 동물들 이야기가 담겨 있어요. 그들이 특별한 건 그저 타고난 능력 때문만이 아니에요. 그보다는 특수한 상황에서 우리의 예상보다 훨씬 더 영리한 모습을 보여 주었거나, 위험에 빠진 사람의 목숨을 구했거나, 세상을 더 잘 이해하도록 도와주었거나, 아니면 그저 많은 이들을 웃게 해 주었기 때문이지요.

동물들이 우리에게 늘 놀라움을 안겨 주듯, 우리 역시 동물들에게 놀라움을 선사할 수 있다는 사실을 여러분이 깨달았으면 좋겠어요. 어쩌면 그것이 이 책을 통해 얻을 수 있는 가장 중요한 깨달음일지도 몰라요. 우리에게 그걸 알려 주는 이들이 비록 동물들이라 할지라도 말이죠.

여러분의 삶에 동물들이 함께하고 있다면, 그들을 보호할 수 있도록 도와주세요. 이제부터 들려줄 이야기는 우리 모두가 알아야 할 중요한 내용이에요.

유엔 세계 생물 다양성 위원회에 따르면, 날마다 전 세계에서 150종의 생물이 우리 인간들 때문에 사라지고 있다고 해요. 대부분은 벌레들이긴 하지만요. 그중 많은 것들은 사람들한테 한 번도 알려지지 않은 채 밀림에서 사라져 가지요. 그렇다고 해도 그 수치가 실로 엄청나다는 사실을 여러분도 깨달았을 거예요.

자연의 이치가 늘 그렇듯, 사라지는 종들이 있으면 또 새롭게 나타나는 종들도 있어요. 우리 인간을 위해 이따금 희생을 강요당하기도 하고요. 그런데 만일 우리가 다른 동물들을 희생시키지 않고 살아갈 방법을 찾을 수 있다면 어떨까요?

역사상 지금처럼 많은 동물 옹호자들이 있었던 적은 없어요. 그들이 동물들을 위해 오늘날처럼 엄청난 영향력을 발휘했던 적도 없었지요. 여러분도 함께하고 싶지 않나요? 조금만 시선을 돌리면 여러분의 도움이 필요한 기관이나 협회가 분명 있을 거예요. 그러니까 결코 망설이지 말아요!

차 례

들어가는 말 ································· 4

과학계를 빛낸 동물들

가장 유명한 복제 양
돌리 ································· 14

우주에 간 첫 번째 동물
라이카 ······························· 17

우주에서 돌아온 첫 번째 동물들
벨카와 스트렐카 ················· 20

제인 구달과 우정을 나눈 침팬지
데이비드 그레이비어드 ········ 23

수학을 정복한 말
한스 ································· 26

말의 의미까지 알아챈 앵무새
알렉스 ······························· 29

말하는 고릴라
코코 ································· 32

사려 깊은 우두머리
21번 늑대 ·························· 35

여자아이를 쏙 빼닮은 침팬지
루시 ································· 38

양자 물리학을 증명한
슈뢰딩거의 고양이 ············· 41

인명 구조에 나선 동물들

감염병으로부터 아이들을 지킨
발토 ································· 46

아이의 목숨을 구한 고릴라
잠보 ································· 49

잠수부를 살린 고래
밀라 ································· 52

멕시코 인명 구조견
프리다 ··································· 55

쓰나미에서 소녀를 보호한 코끼리
닝농 ····································· 58

디프테리아 치료제를 만든 말
짐 ······································· 61

보스턴 치료견
로베르타와 친구들 ···················· 64

제1차 세계 대전에서 공을 세운 비둘기
셰르 아미 ······························· 67

최초의 시각 장애인 안내견
버디 ····································· 78

동물 실험으로 희생된 새끼 원숭이
브리츠 ·································· 81

찰스 다윈의 연구를 도운 거북
해리엇 ·································· 84

주인 찾아 4000킬로미터를 달린 개
바비 ····································· 87

희망의 상징으로 거듭난 경주마
씨비스킷 ······························· 90

500년 넘게 산 조개
밍 ······································· 93

에베레스트 정상에 오른 개
루피 ····································· 96

호기심을 한껏 자극하는 동물들

왕처럼 살다 간 개
아부티유 ······························· 72

전쟁 영웅 엘 시드의 애마
바비에카 ······························· 75

유럽에 민주주의를 가져온 돼지
이름 모름 ······························ 99

과학계에 혁신을 일으킬 뻔한
플라나리아 ···························· 102

승리팀을 맞춘 점쟁이 문어
폴 ·· 105

망가진 숲을 되살리는 개들
다스·올리비아·썸머 ······················· 108

사람들에게 사랑을 듬뿍 받은 동물들

전 세계에 단 한 마리뿐인 흰색 고릴라
코피토 데 니에베 ··························· 114

주인에게 충성을 다한 개
하치코 ·· 117

역장이 된 일본 고양이
타마 ·· 120

날씨를 예언하는 마멋
필 ·· 123

영화계에서 가장 유명한 사자
레오 ·· 126

할리우드에서 활약한 개
팰 ·· 129

고마움을 잊지 않은 펭귄
딘딤 ·· 132

상파울루 시장으로 뽑힌 코뿔소
카카레코 ·· 135

사람을 그리워한 범고래
케이코 ·· 138

영국 여왕을 무시한 고양이
도킨스 ·· 141

영화 역사상 가장 유명한 동물 배우
지츠 ·· 144

12년 동안 주인을 기다린 개
카넬로 ·· 147

생체 공학 고양이
오스카 ·· 150

영화 <해리 포터> 속 부엉이
기즈모 ·· 153

마이클 잭슨의 반려동물
버블스 ···································· 156

거북에게 입양된 하마
오웬 ······································· 159

실제로 존재하는 동물들?

유니콘 ···································· 164
빅풋 ······································· 164
네시 ······································· 165
오리너구리 ······························· 165
매머드 ···································· 166
사이렌 ···································· 166
미노타우로스 ··························· 167
미니타우로스 ··························· 167
날아다니는 뱀 ·························· 168
라이거 ···································· 168
일각고래 ································· 169
다리 달린 고래 ························ 169
루돌프 ···································· 170

나만의 동물 등록하기 ······· 173

"개나 고양이와 함께 살아가다 보면,
동물들에게 성격과 지능, 감정이 있다는 걸
자연스레 깨닫게 되지요."

– 제인 구달 (영국의 동물학자·환경 운동가)

과학계를 빛낸 동물들

동물들은 과학계에 없어서는 안 되는 존재예요. 사람들을 대상으로 실험할 수 없을 때, 동물들이 아주 중요한 역할을 하거든요. (동물들한테 실험을 할 때도 이제는 전보다 훨씬 더 안전하게 하니까 크게 걱정하지 않아도 돼요!) 어떤 동물들은 상상할 수 없을 정도로 엄청나게 중요한 임무를 수행하기도 해요. 말을 배우는 고릴라부터 우주에 간 개들까지, 이제부터 깜짝 놀랄 이야기를 듣게 될 거예요.

가장 유명한 복제 양
돌리

언젠가 나를 복제한 듯 쏙 빼닮은 사람을 만나면 어떤 기분이 들까요? 잃어버린 형제나 자매를 만난 것처럼 반가울까요? 아니면 거울에 비친 내 모습을 보는 것마냥 익숙한 느낌일까요?

살아 있는 모든 생명체는 세포 속에 자신이 누구인지를 자세히 알려 주는 유전 정보가 들어 있어요. 그걸 DNA라고 해요. 만약 생명체의 어떤 유전 정보를 복사한다면, 마치 복사본처럼 똑같이 만들어 낼 수도 있을까요?

1996년 7월 5일에 비로소 그 질문에 대한 답을 얻게 되었어요. 영국 스코틀랜드의 한 실험실에서 양의 세포에 들어 있는 유전 정보를 복제해서 다른 양의 몸속에 넣어 키웠는데요. 엄마 양과 똑같이 생긴 돌리가 태어난 거예요.

돌리는 아주 복잡한 과정을 거쳐서 태어났어요. 무려 278번의 시도 끝에 어렵사리 성공을 거두었거든요. 사실 돌리는 역사상 첫 번째 복제 동물은 아니에요. 하지만 가장 유명하긴 하지요. 돌리의 사진이 한동안 전 세계 텔레비전 뉴스와 신문, 잡지 등에

소개되었으니까요.

　여기서 중요한 것은 단지 돌리가 탄생했다는 사실만이 아니에요. 돌리가 그 후 건강하게 자랄지 확인하는 것 역시 매우 중요했거든요. 다행히 돌리는 6년 동안 행복하게 살았어요. 자신을 복제한 쌍둥이 자매를 넷이나 얻었고, 또 전통적인 번식 방법으로 여섯 마리의 예쁜 아기 양도 낳았답니다.

　돌리의 탄생은 과학계에서 아주 중대한 사건이었어요. 세상을 바꾸었다고 해도 지나치지 않을 정도였지요. 돌리의 복제 기술을 사람에게 적용하기에는 아직 부족한 점이 많지만, 의학계에 엄청난 발전을 가져온 것만은 분명하니까요. 실제로 애완동물을 복제할 수 있는 기업들이 생겨나기도 했거든요.

　이다음에는 어떤 동물을 복제하게 될까요? 혹시 공룡?!

우주에 간 첫 번째 동물
라이카

1957년 당시 소련으로 불렸던 러시아의 과학자들은 인간을 우주로 보낼 방법을 연구했어요. 그때만 해도 과학 기술이 지금처럼 발달하지는 않았지요. 인간이 우주의 혹독한 환경에서 살아남을 수 있을지 알기 위해서는 일단 동물을 먼저 보내는 수밖에 없었답니다.

그래서 떠돌이 개 세 마리를 데려와 훈련을 시켰어요. 모스크바는 워낙 추운 곳이었기에 길에서 지내던 개들이 극한 상황을 더 잘 견뎌 낼 것이라고 생각했기 때문이에요.

라이카는 처음부터 차분하고 온순한 성격이어서 곧장 우주견으로 선발되었어요. 우주로 가기 위한 준비 훈련은 무척이나 고되었답니다. 고온과 고음, 좁은 공간, 그리고 특별식에 적응해야 했거든요.

다행히 이륙을 할 때는 모든 게 완벽했어요. 처음에는 라이카가 다소 불안한 듯이 보이기도 했지만, 얼마 안 가서 안정을 찾고 음식을 먹기까지 했으니까요. 라이카는 예상보다 훨씬 더 침

착했답니다.

그렇게 해서 라이카를 우주로 보내는 실험을 성공리에 마쳤어요. 그런데 여기에 한 가지 문제가 있었답니다. 라이카가 대기권으로 들어가면 무시무시한 열기 때문에 살아남지 못한다는 사실이지요. 물론 그 전에 무슨 일이 벌어진다면 더 일찍 죽을 수도 있고요.

그런데 라이카가 너무나 유명해진 까닭에, 러시아 정부는 차마 전 세계 사람들에게 이러한 사실을 알리지 못했어요. 결국 라이카가 기술 부족으로 채 다섯 시간도 버티지 못한 채 매우 고통스럽게 죽었다는 사실을 50년이 넘도록 꽁꽁 숨겼지요.

어쨌거나 라이카는 이러한 희생을 통해 세상에 두 가지 큰 기여를 했어요. 첫째, 사람이 우주선에서 어느 정도의 시간까지는 견딜 수 있다는 사실을 증명했지요. 둘째, 살아서 돌아오지 못하는 경우라면 더 이상 동물을 우주로 보내지 않기로 협의하도록 했답니다.

그래서일까요? 라이카는 지금까지도 전설처럼 우리의 기억 속에 오래오래 남아 있어요.

우주에서 돌아온 첫 번째 동물들
벨카와 스트렐카

첫 번째 우주견 라이카는 영웅이 되는 대신 목숨을 잃고 말았어요. 러시아 정부는 그런 일이 다시는 일어나지 않도록 하겠다고 약속했지요.

몇 년 뒤, 인간이 탑승할 첫 번째 우주선 스푸트니크 5호가 완성되었어요. 하지만 우주여행이 인간의 신체에 미칠 영향에 대해서는 아직 충분히 파악하지 못한 상태였지요. 깊은 고민 끝에, 스푸트니크 5호와 똑같이 만든 우주선에 동물들을 여러 마리 태워서 먼저 우주로 보내기로 했답니다.

사람들은 매우 큰 관심을 보였어요. 우주선에 탑승하는 우주비행사들 때문이었지요. 토끼 한 마리와 수컷 생쥐 마흔두 마리, 암컷 생쥐 세 마리, 엄청나게 많은 파리를 비롯해 다양한 식물들이 스푸트니크 5호에 올랐거든요.

무엇보다 스푸트니크 5호의 주요 탑승객은 벨카와 스트렐카였어요. 라이카처럼 이 두 마리 개도 우주선에서의 스트레스를 견뎌 내고, 우주복과 우주 식량에 익숙해지도록 철저히 훈련을

받았지요.

 벨카와 스트렐카는 그들의 전임자 라이카처럼 매 순간 차분했어요. 꼬박 하루 동안의 여행을 하는 내내 침착함을 유지했지요. 처음에는 이 개들이 하도 꼼짝을 하지 않아서 다들 최악의 상황을 걱정할 정도였다나요.

 다행히 벨카와 스트렐카는 무사히 지구로 돌아왔어요. 그 덕분에 TV와 신문에 널리 소개되었지요. 나중에 스트렐카가 새끼를 여러 마리 낳자, 러시아 대통령은 우호의 뜻으로 그중 한 마리를 미국 대통령에게 선물했답니다.

 이렇듯 러시아의 우주 프로그램은 더 큰 진보를 위해 한창 발돋움 중이었어요. 바로 인간을 우주로 보내는 일 말이에요! 벨카와 스트렐카(그리고 토끼와 생쥐, 파리들도!)의 공로가 없었다면 영영 불가능한 일이었을지도 모르죠.

제인 구달과 우정을 나눈 침팬지
데이비드 그레이비어드

사람이 동물에 비해 무조건 더 영리하다고는 할 수 없어요. 인간의 지능이 10이라면 돌고래나 몇몇 영장류는 8이라고 하니까요. 거의 비슷한 셈이죠.

그 사실을 이해하는 데 영국의 인류학자 제인 구달의 연구가 아주 중요한 역할을 했어요. 제인 구달은 어려서부터 침팬지에 푹 빠져 있었대요. 나중에 어른이 된 뒤에는 침팬지들을 연구하기 위해 아예 탄자니아에 눌러살았다지요.

그리고 그곳에서 데이비드 그레이비어드를 만나 깊은 신뢰를 얻었답니다. 제인은 침팬지들을 너무나도 사랑했기 때문에 다른 과학자들과는 달리 일일이 이름을 지어 주었어요.

특히 데이비드는 다른 침팬지들보다 차분하고 우호적이었는데요. 만약 데이비드가 아니었다면 제인은 다른 침팬지들의 신임을 얻지 못했을지도 모른다고 해요.

제인은 데이비드와 그 무리가 그 당시 과학계에서는 상상도 못한 일을 하는 모습을 지켜보았어요. 나뭇가지를 사용해서 흰

개미들을 잡은 것으로도 모자라, 나뭇가지에 달린 잎을 떼어 내고 끝을 뾰족하게 만들어 사용하기 편리하게 만들었거든요.

누군가는 "애개개, 겨우 그 정도를 가지고?"라면서 혀를 찰지도 모르지만, 사실 그건 아주 굉장한 일이었어요! 그때까지만 해도 도구를 만들어 사용하는 건 인간만이 할 수 있는 일이라고 믿었으니까요.

또, 침팬지들이 서로 싸울 때 공격과 수비 전략을 세운다는 사실도 알아냈답니다. 이것 역시 그동안 인간만이 할 수 있는 능력이라고 믿어 왔던 까닭에 아주아주 중요한 발견이었지요.

제인이 50년 이상 침팬지 연구에 헌신한 덕분에 데이비드는 유명한 일간지 〈타임스〉에서 선정한 '인류 역사상 가장 중요한 열다섯 마리의 동물' 중 하나로 뽑히는 영광을 얻었어요.

그러니까 다음에 여러분이 드라이버를 사용하더라도 지나치게 특별하다고 자만할 것까진 없다는 뜻이에요!

수학을 정복한 말
한스

이 책에는 영리한 동물들에 관한 이야기가 많이 나와요. 한스는 그다지 영리하지는 않았을지 몰라도 똑똑했던 것만은 확실해요.

한스는 다윈의 진화론이 발표되고 나서 얼마 후에 갑자기 유명해졌어요. 그 무렵 사람들은 동물의 지능에 관심이 아주 많았거든요. 그 당시 한스와 한스의 주인은 독일 곳곳을 돌아다니면서 무료 공연을 하고 있었는데요. 구경꾼들이 산수 문제를 내면 한스가 바닥에 발길질을 해서 답을 하는 방식이었어요. 신기하게도 열 개 중 아홉 개는 정확히 맞춘 것 있지요?

과학자들은 이 천재 말을 자세히 관찰한 다음, 이렇다 할 속임수는 없었다고 결론을 내렸어요. 그렇지만 한스가 계산을 하기는커녕 문제조차 이해하지 못한다고 확신했답니다.

그러고 나서 얼마 후, 심리학자인 오스카 풍스트가 한스를 다시 관찰했는데요. 그때 세상을 깜짝 놀라게 할 만한 결과를 얻었어요. 한스가 자기 주인이 답을 알고 있을 때만, 그리고 주인이

눈앞에 있을 때만 문제를 알아맞힌다는 사실을 알아냈거든요. 말하자면 한스와 주인은 둘이 깨닫지 못하는 사이에 서로 소통을 하고 있었던 거예요.

몇 달이 지난 다음, 마침내 그에 관한 수수께끼가 풀렸어요. 말들은 표정과 몸짓으로 서로 이야기를 나눈다는 사실이 밝혀졌거든요. 한스는 정확한 답에 이를 때까지 발길질을 한 게 아니라 자기 주인이 무심코 하는 특정한 움직임을 보고서 발길질을 멈추었던 거예요.

그런데도 한스의 쇼는 계속해서 인기를 얻었어요. 말한테 4 더하기 3이 무엇인지 묻고 나서 7이라고 답하는 것을 지켜보는 재미는 여전히 쏠쏠했으니까요.

그런데 한스가 어떻게 역사를 바꾸었다는 걸까요? 음, 실험자의 특정 행동이 자기도 모르는 사이에 결과에 영향을 미칠 수 있다는 사실을 이해하게 해 주었거든요. 이런 문제를 해결하기 위해 실험자와 실험 대상자 모두에게 실험에 관한 정보를 제공하지 않는 '이중 맹검'이라는 방법이 생겨났어요. 요즘도 약의 효과를 조사할 때 이 방법을 사용한다고 해요.

말의 의미까지 알아챈 앵무새
알렉스

　앵무새들은 어떤 말을 듣고서, 우리가 미처 예상하지 못하는 순간에 그 말을 입 밖으로 내뱉지요. 그렇다고 우리는 앵무새가 사람처럼 진짜로 말을 한다고 생각하지는 않아요. 진짜로 말을 하는 건 인간만이 할 수 있는 거니까요. 안 그래요?

　그런데 앵무새 알렉스의 이야기를 들으면 아마 깜짝 놀랄 거예요. 어느 동물 심리학자가 30년 동안이나 끈기 있게 훈련한 덕분에 탄생한 이야기인데요. 음, 이렌느 페퍼버그가 애완동물 가게에서 알렉스를 데려와 오래도록 훈련시킨 이야기랍니다.

　이렌느와 두 명의 조수는 영화에서처럼 각각 '좋은 경찰'과 '나쁜 경찰' 역할을 맡아서 당근과 채찍을 써 가며 알렉스를 훈련했어요. 알렉스가 아는 걸 표현하도록 자극을 준 거지요.

　여러 해가 지나면서 알렉스는 어려운 개념들을 조금씩 이해하고 배우게 되었답니다. 여러 가지 색의 이름을 말하고 더 크고 더 작은 것, 같거나 다른 것, 있는 것과 없는 것 등을 차츰차츰 구분할 수 있게 되었지요.

심지어 궁금한 게 있으면 질문도 했다고 해요. "무슨 색이지?" 하고 말이죠. 그건 과학과 언어의 역사에 길이길이 남을 질문이었어요. 그뿐만 아니라 자신만의 언어를 만들기까지 했다지요. 가령, 사과를 가리키면서 바나나와 베리를 섞어 '바네리'로 부르는 식이었답니다.

그리고 언젠가는 다른 앵무새들한테 말을 가르쳐 주기 위해 스스로 좋은 경찰과 나쁜 경찰 역할을 하기도 했다는군요. 그런 노력 끝에 알렉스는 바야흐로 두 살짜리 아기의 지능을 갖기에 이르렀다지요. 만일 일찍 죽지 않았다면 다섯 살짜리 아이의 지능까지 따라잡았을 거라고 해요.

알렉스의 마지막 말은 매일 밤 잠자기 전에 했던 인사였대요.

"잘 있어, 내일 봐, 사랑해."

누가 여러분한테 "앵무새처럼 말한다."라고 비난하더라도 굳이 속상해하지 말고 알렉스처럼 유쾌한 목소리로 대답해 봐요. "고마워!" 하고요.

말하는 고릴라
코코

제목을 보는 순간, '설마 농담이겠지?' 하는 생각이 들었나요? 하지만 곧 농담이 아니라는 걸 알게 될 거예요.

고릴라 코코는 미국 샌프란시스코에 있는 동물원에서 태어났는데요. 아기 때부터 수화로 말하는 법을 배웠답니다. 그게 생각처럼 그렇게 영 이상한 일은 아니었어요. 그동안 고릴라와 침팬지한테 많이 시도해 왔던 일이니까요.

코코가 특별했던 이유는 천 개 이상의 단어를 조합해서 사용할 줄 알았기 때문이에요. 다시 말해, 어린아이와 비교할 만한 지능을 가지고 있었던 거지요.

코코는 자신을 위한 애완동물을 갖고 싶어 했어요. 그래서 태어난 지 얼마 안 된 새끼 고양이들을 보여 줬더니, 그중 한 마리를 골라서 직접 '올볼'이라는 이름을 붙여 주었다나요.

코코는 고양이를 마치 자기 새끼인 양 정성껏 돌봐주었을 뿐 아니라 심지어 젖까지 먹이려 했다지요. 코코가 점점 유명해지자 많은 사람들이 구경하러 왔어요. 코코는 그 사실을 빤히 알고

서 스스로 '여왕님'이라고 불렀다지 뭐예요.

어느 날 올볼이 달아났다가 죽은 채로 발견이 되었다고 해요. 그 소식을 듣고 큰 슬픔에 빠진 코코는 마치 탄식하듯 이렇게 말했다나요.

"슬퍼, 나빠, 슬퍼."

코코는 단어를 만들어 내는 능력도 가지고 있었는데요. 이를테면 반지라는 단어를 몰라서 '손가락 팔찌'라고 부르는 식이에요. 심지어 농담도 할 줄 알았다는군요. 코코는 머리가 좋을 뿐만 아니라 이해력까지 갖추었다는 의미예요. 그런 점에서 아주 중요한 발견이라 할 수 있어요.

그런데도 코코의 능력을 끝끝내 인정하지 않는 이들도 있었답니다. 동물들은 단지 자기를 돌봐주는 이들을 기쁘게 해 주기 위해서 배우는 것뿐이라고 우기면서요. 앞에서 이미 소개했던 수학을 할 줄 아는 말 한스와 비슷한 경우라고 주장하는 이들도 있었고요.

하지만 코코가 새끼 고양이 올볼을 다정하게 보살핀 것만큼은 그 누구도 거짓이라고 우길 수 없을 거예요.

사려 깊은 우두머리
21번 늑대

"옛날에 착한 늑대 한 마리가 살고 있었다네."

이렇게 시작하는 호세 아구스틴 고이티솔로(바르셀로나 대학교 스페인 문학 교수이자 시인)의 아름다운 시를 들어 본 적 있나요? 21번 늑대는 그 시에 등장하는 착한 늑대의 실제 모습이에요.

미국에 있는 옐로스톤 국립 공원은 전 세계에서 가장 크고 유명한 공원 중 하나예요. 그런데 과학자들이 오래전부터 당연한 듯 알고 있었던 사실이 그곳에서 확실하게 증명되었지요. 자연 세계에서는 모든 것이 정교하게 조화를 이루고 있는데, 그 조화가 깨지면 예상하지 못한 결과를 불러일으킬 수 있다는 사실 말이에요.

수십 년 전, 옐로스톤 국립 공원에서 살던 늑대들이 모두 죽임을 당하는 일이 있었어요. 단지 위험하다는 이유 때문이었지요. 그런데 그 후에 미처 예상치 못한 일이 벌어졌답니다. 큰 사슴의 수가 급격하게 증가했다지 뭐예요. 큰 사슴들이 풀과 나무를 마구 먹어 치우는 바람에 식물들도 죄다 사라져 버리고요.

결국 공원 측에서는 늑대들을 다시 들여오기로 했어요. 그 가운데 우두머리였던 21번 늑대는 처음부터 단연 돋보였답니다. 다른 동물들의 세계에서처럼 늑대들 사이에서도 싸움은 피를 봐야 끝이 나곤 했어요. 새로운 우두머리가 되고 싶으면 현재의 우두머리를 죽여서 힘을 뽐내야 나머지 무리로부터 존경을 받을 수 있었으니까요.

그런데 21번 늑대는 달랐답니다. 어떤 싸움에서든 늘 이겼지만, 상대의 목숨을 항상 살려 주었거든요. 더 신기한 일도 있었어요. 새끼들한테 싸움을 가르칠 때마다 늘 져 주었다는 거예요. 말하자면 새끼들에게 이기는 경험을 쌓게 해 준 셈이에요. 그러면서도 무리에서 존경심을 잃을 만한 일은 결코 하지 않았지요.

21번 늑대는 그동안 우리가 늑대들에 관해 알고 있던 상식을 죄다 바꿔 놓았어요. 그래서인지 21번 늑대에 관한 책과 기사가 엄청나게 쏟아져 나왔답니다. 소설도 여러 편 출간되었고요.

음, 이제 늑대들이 조금은 더 친근하게 느껴지나요? 늑대라고 해서 무조건 사납기만 한 건 아니란 사실을 알게 되었잖아요. 아, 참! 개들이 몇 세기 전에 사람들의 손에서 길들여진 늑대들의 후손이라는 사실을 알고 있나요?

여자아이를 쏙 빼닮은 침팬지
루시

 루시는 우리 안에서 태어났어요. 루시의 부모는 서커스단에서 일했거든요. 한 과학자 부부가 침팬지의 지능을 사람의 아이와 비교하는 연구를 하기 위해 루시를 집으로 데려가 자식처럼 사랑을 베풀며 정성을 다해 키웠답니다.

 루시는 기저귀와 장난감, 요람에 금방 익숙해졌어요. 조리된 음식을 포크와 나이프로 먹는 법을 배웠고, 여자아이 옷도 자연스럽게 입었지요. 물론 이 모든 걸 억지로 한 건 절대 아니에요. 루시 스스로 그런 생활을 즐겼을 뿐 아니라, 잡지에 나온 자기 사진을 보는 것도 무척 좋아했으니까요.

 루시가 조금 더 자라자 과학자 부부는 수화로 소통하는 법을 가르쳤어요. 루시는 수백 가지 단어를 사용하는 방법을 배웠지요. 이 부분에 관해서는 과학자들 사이에서 어느 정도 논란이 있었지만, 루시가 과학자 부부를 진짜 부모처럼 좋아했다는 사실만큼은 부정할 수 없답니다. 그들이 슬퍼 보일 때면 다정하게 꼭 안아 주기도 했거든요.

루시는 오랫동안 행복하고 평온하게 지냈어요. 그런데 루시한테 다른 침팬지를 소개하자 순식간에 평화가 깨져 버렸지요. 침팬지하고는 한 번도 살아 본 적 없었던 루시는 겁에 잔뜩 질렸을 뿐더러, 다른 침팬지한테 조금도 관심을 보이지 않았거든요. 사춘기가 시작된 뒤로는 우울감과 분노를 경험하기도 했어요. 자기가 침팬지도 사람도 아니라는 사실을 깨달았던 듯해요.

과학자 부부는 걱정스러운 마음에 루시를 영장류들을 위한 시설에 보냈어요. 루시는 다른 영장류들과 친해지려 하지 않았답니다. 그러다 시간이 흐르고 나서야 조금씩 변화를 보이더니, 어느 사이엔가 새 가족과 어우러져 지내기 시작했지요.

그 후로 이런 실험을 더 이상 하지 않게 되었어요. 실험 대상이 된 동물들은 결국 인간에게도, 자기 종족에게도 속하지 못하게 된다는 사실을 알았으니까요. 그렇긴 하지만 동물의 지능에 관해선 새로운 사실을 알게 되었으니, 과학계에서는 굉장한 성과를 거둔 셈이지요.

루시만큼 사람과 많이 닮았던 침팬지는 여태껏 한 번도 없었어요. 과학자 부부에게는 루시가 딸과 다름없을 만큼 소중한 존재였다고 해요.

양자 물리학을 증명한
슈뢰딩거의 고양이

양자 물리학은 원자처럼 매우 작은 입자를 연구하는 학문이에요. 우리가 평소에 알고 있던 것과는 매우 다른 방식으로 작용했기 때문에 과학자들 사이에서 엄청난 논쟁을 불러일으켰지요.

예를 들면, 양자 물리학에서는 하나의 입자가 존재하면서 동시에 존재하지 않을 수도 있다고 말해요. 관찰되는 순간에 따라 두가지 가능성 중 하나로 결정된다는 거예요.

"말도 안 돼! 내 책상에 연필이 있을 수도, 없을 수도 있다고? 그 두 가지가 어떻게 동시에 일어난단 말이야?"

혹시 이렇게 생각했나요? 아인슈타인이나 에르빈 슈뢰딩거 같은 위대한 과학자들 역시 똑같은 생각을 했어요.

양자 물리학의 불완전함을 증명해 보이려고 고안한 실험이 바로 그 유명한 '슈뢰딩거의 고양이'거든요. 그런데 불행히도(?) 본의 아니게 양자 물리학을 대표하는 실험으로 자리 매김하게 되었네요.

슈뢰딩거는 상자 안에 갇힌 고양이를 상상했어요. 이 상자 속

에는 독가스와 방사능을 방출하기 직전의 원자들을 담은 아주 작은 용기도 함께 들어 있지요. 그러니까 방사능이 방출되는 순간, 독가스가 퍼지면서 고양이가 죽게 되는 거예요.

양자 물리학에서는 원자를 확인하기 전까지는 방사능이 있는 것도, 없는 것도 아니라고 주장해요. 그렇다면 고양이도 마찬가지로 상자를 열어 확인하기 전까지는 죽어 있지도, 살아 있지도 않는 셈이 되는 거지요. 실제로 실험을 하지 않고 결론에 이르는, 이런 식의 '사고 실험'은 곧 매우 유명해졌어요.

과학은 이런 역설을 설명하면서 많은 가능성을 제시하거든요. 생각만으로도 아주 복잡하지요? 여기서 흥미로운 건 무한한 현실이 존재한다는 사실이에요. 고양이가 살아 있느냐 죽어 있느냐에 따라서 결과가 각기 다른 두 세계가 열리는 거지요.

만일 어느 날 여러분이 양말을 갈아신지 않기로 했다면? 마찬가지로 두 가지 세계가 열리게 돼요. 깨끗한 양말을 신고 있는 세계와 그렇지 않은 세계로 말이죠.

이건 공상 과학이 아니라 진정한 과학이에요. 이 책만 해도 존재하는 동물들과 그렇지 않은 동물들뿐 아니라, 존재하는 동시에 존재하지 않는 동물들의 이야기를 하고 있잖아요.

"우리 심장은 둘이 아니에요.
사람을 위한 심장과 동물을 위한
심장이 따로 있는 게 아니라는 뜻입니다.
심장이 있거나 혹은 없을 뿐이지요."
_라마르틴(프랑스의 시인·정치가)

인명 구조에 나선 동물들

동물들은 사람의 목숨을 구하기도 해요. 이제부터 마치 자기 새끼라도 되는 양 위험 상황에서 목숨을 걸고 사람을 구해 낸 동물들을 만날 거예요.

이들은 대부분 특별한 훈련을 받지 않았어요. 다만 우리가 종종 잊어버리는 사실을 잘 알고 있었을 뿐이에요. 그건 바로 부모에게 아이들이란 매우 소중한 존재라는 것! 그렇기 때문에 그들을 잘 돌봐야 하는 것과 비슷해요.

감염병으로부터 아이들을 지킨
발도

　미국 알래스카주에 놈이라는 마을이 있어요. 20세기 초, 대략 천 명의 사람들이 북극권과 아주 가까운 그 마을에서 세상과 단절된 채 지냈지요. 그러던 어느 겨울, 그 마을 아이들 모두가 치명적이면서 전염성이 강한 디프테리아에 걸리고 말았답니다.

　마을에 있는 단 한 명의 의사는 백신이 하나도 남아 있지 않다는 사실을 깨달았어요. 그곳에 있는 단 하나뿐인 경비행기를 타고 백신을 구하러 길을 나서야 했지요. 하지만 엔진이 꽁꽁 얼어붙어서 경비행기가 날지를 못했답니다. 바닷길을 통해 백신을 받으려고 해도 봄이 올 때까지 기다려야 해서 매우 답답한 상황이었어요.

　최후의 수단으로 1000킬로미터가량 떨어진 알래스카의 앵커리지에서 백신을 가져오기 위해 썰매팀을 파견하기로 했지요. 이를 위해서는 목적지까지 여러 단계를 거쳐야 했어요. 우선 썰매 개 한 팀과 이들을 이끌 책임자가 첫 번째 구간까지 가면, 그곳에서 대기 중이던 다른 팀이 뒤를 잇는 식으로 목적지까지 가

야 했답니다.

 그중 한 구간을 맡았던 썰매팀 대장 시베리안 허스키 발토한테 큰 기대를 걸었던 사람은 아무도 없었어요. 행동이 느리고 굼뜨다는 이유로, 썰매팀 대장으로서 제대로 훈련을 받은 적이 없었거든요. 게다가 날씨마저 지독히 나빴지요. 매서운 눈보라 때문에 30센티미터 앞도 보이지 않을 지경이었으니까요.

 그런데도 발토는 자기가 맡은 구간을 달리는 동안 리더로서 완벽한 모습을 보여 주었어요. 더욱이 다음 구간을 달리기 위해 기다리고 있던 개들이 제대로 준비되어 있지 않은 걸 확인한 책임자는 발토더러 끝까지 함께 달리게끔 했지요.

 마침내 발토와 발토가 이끈 썰매 개들이 백신을 가지고 무사히 마을에 도착했답니다. 그 덕분에 마을 아이들은 목숨을 구할 수 있었어요.

 그 후 발토는 아주 유명해져서 동상이 세워지고 대통령을 만나러 가고 영화에도 나오게 되었지요. 아이들을 구한 개, 발토는 오늘날까지도 여전히 우리 가슴속에 전설로 남아 있답니다.

아이의 목숨을 구한 고릴라
잠보

고릴라는 포악하기로 유명해요. 〈킹콩〉을 비롯해 밀림이 등장하는 영화들만 봐도 알 수 있잖아요. 그런데 그거 알아요? 사실 고릴라들은 위협을 느낄 때만 공격적으로 변한다는 것!

그리고 고릴라는 가장 영리한 동물들 가운데 하나이기도 해요. 사람들하고 비슷한 점도 아주 많지요. 예를 들면, 고릴라는 새끼들을 비롯해 이따금 다른 이들을 돌보기도 하거든요.

영국의 한 동물원에서 지내던 잠보(아프리카 스와힐리어로 '안녕'이라는 뜻이에요.)는 메리트 씨네 가족이 그곳을 방문하기 전까지는 그저 평온한 삶을 살고 있었어요.

메리트 씨는 고릴라 우리 앞에서 막내아들을 어깨 위에 올려 무동을 태웠어요. 그런데 그때 큰아들 레반이 고릴라 우리를 빙 둘러싼 난간 위로 올라가다가 그만 미끄러지면서 우리 아래로 떨어져 버렸지 뭐예요. 레반은 그대로 의식을 잃고 말았답니다.

잠보는 곧상 아이가 있는 곳으로 달려갔어요. 메리트 씨네 가족과 관람객들은 우리 밖에서 공포에 질린 얼굴로 발을 동동 구

르는 수밖에 없었답니다. 동물원 관리인에게 서둘러 연락했지만, 한참이 지나도록 도착하지 않았거든요.

그런데 뜻밖에도 잠보가 레반을 공격을 하는 대신, 레반과 다른 고릴라 사이에 떡하니 자리를 잡아 앉는 거예요. 놀랍게도 잠보는 레반을 보호하기 위해 그렇게 한 거였어요. 고릴라들에게 자신이 그 아이를 보호하고 있으니 공격하지 말라며 경고하고 있었던 셈이지요. 잠보는 관리인들이 레반을 구하러 달려올 때까지 줄곧 그렇게 있었답니다.

관람객 중 누군가 그 모습을 녹화해서 널리 알린 덕분에 잠보는 순식간에 아주 유명해졌어요. 최근에 그 놀라운 장면이 고릴라 보호 운동의 하나로, SNS에 다시 소개되면서 또 한 번 큰 호응을 얻었지요.

지금 그 동물원에는 잠보의 동상이 우뚝 서 있어요. 사실 잠보의 이야기는 세상을 뒤바꿔 놓을 만큼 엄청난 사건은 아니에요. 전문가들은 이미 오래전부터 고릴라가 사나운 동물이 아니라는 사실을 알고 있었으니까요. 그렇다 하더라도 잠보가 고릴라에 대한 사람들의 생각을 싹 바꿔 놓은 것만은 분명해요.

잠수부를 살린 고래
밀라

  불과 얼마 전까지만 해도 고래는 꽤 두려운 존재로 알려져 있었어요. 맞아요! 고래는 굉장히 힘이 세고 공격적이지요. 하지만 고래가 무섭게 돌변할 때는 코끼리나 고릴라처럼 자기가 공격받을 때뿐이에요. 고래는 대개 사람들과 잘 지내는 편인데요. 특히 자주 보는 이들에게는 꽤 우호적이랍니다.

  이 이야기의 주인공은 고래가 인간에게 얼마나 우호적인 동물인지를 보여 주는 증거이기도 해요. 밀라는 중국에 있는 거대한 아쿠아리움에 살았어요. 관람객들의 발길이 늘 끊이지 않는 곳이었지요. 그날은 무호흡 프리다이빙 대회가 열리는 날이었답니다.

  대회에 참가한 잠수부 양원은 물이 그렇게 차가울 거라고는 전혀 예상하지 못한 채 물속으로 첨벙 뛰어들었어요. 앗, 너무 방심했던 걸까요? 물속에 들어가자마자 쥐가 나면서 다리가 마비되어 버린 거예요. 양원은 겁에 잔뜩 질린 채 숨도 제대로 쉬지 못하며 물속 깊은 곳으로 점점 가라앉기 시작했답니다.

아, 참! 밀라는 벨루가였어요. 벨루가가 뭐냐고요? 정확히 말하면 고래는 아니고, 고래의 종 가운데 하나예요. 몸길이가 6미터 정도로, 일반 고래보다 덩치가 훨씬 작답니다. 사람을 유난히 좋아하는 데다 얼굴에 근육이 있어서 미소를 지을 수 있는 몇 안 되는 동물들 가운데 하나지요.

나중에 양원은 이렇게 설명했어요. 갑자기 아래쪽에서 뭔가 힘차게 떠밀어 올리는 힘이 느껴졌다고요. 알고 보니 밀라가 입으로 자기를 수면 위로 밀어 올리고 있었다나요. 그뿐만이 아니에요. 밀라가 이빨로 양원을 조심스럽게 물고는 더 안전하게 보호하기 위해 몸의 절반쯤을 입안에 넣고 있었다지 뭐예요.

아마도 그때 양원은 굉장히 놀랐을 거예요. 사실 고래들은 이빨이 없으니까요. 하지만 아까 벨루가는 고래가 아니라고 했잖아요. 벨루가한테는 고래와 달리 엄청나게 큰 이빨이 있거든요.

밀라는 양원을 안전하게 수면 위로 밀어 올리고는 놀란 관중들을 남겨 둔 채 유유히 물속으로 돌아갔어요. 그날 양원은 적어도 독창적인 면에서는 최고 점수를 받은 거나 마찬가지일 거예요. 아, 밀라가 몸을 반쯤 삼켰을 때 피노키오가 고래 배 속에서 어떤 기분이었을지도 잘 알았겠네요!

멕시코 인명 구조견
프리다

혹시 지금 반려견과 함께 살고 있나요? 아니면 개들은 후각이 예민해서 시간이 한참 지난 뒤에도 거리에서 주인의 냄새를 찾아낸다는 이야기를 들어 본 적 있을까요?

만약 그렇다면 개들이 지진이나 홍수 등의 자연재해가 일어났을 때 희생자들을 구조하거나 실종된 사람들을 찾아내는 데 꼭 필요하다는 것도 쉽게 이해할 수 있을 거예요. 개들은 우리 피부에서 시시각각 떨어지고 있는 세포의 냄새를 맡을 수 있을 정도로 후각이 뛰어나거든요.

멕시코 해병대 소속 인명 구조견 프리다는 멕시코에서 일어난 대지진 이후에 그 활약상이 SNS를 통해 소개되면서 '올해의 개'로 뽑혔어요.

독가스로부터 눈을 보호하기 위한 안경을 쓴 채 구조대 조끼를 입고 뾰족한 파편들에 다치지 않기 위해 보호용 신발을 신은 프리다는 더없이 특별해 보였지요.

프리다는 50건 이상의 구조에 참여했답니다. 자연재해 현장

을 쫓아다니면서 고도의 집중력이 요구되는 매우 복잡한 임무를 너끈히 수행했어요. 사실 구조견들은 다른 동물들보다 매우 엄격하게 훈련을 받아요. 기본적으로는 겉으로 드러나지 않는 냄새를 찾아낸 다음, 조련사가 나타날 때까지 조용히 기다리는 법을 배우지요.

프리다는 거의 10년 동안 크고 작은 재난 현장에서 활약한 후 2019년에 은퇴했어요. 당분간은 해군 견사에서 지내며 다음 세대 구조견들을 훈련하는 데 도움을 줄 예정이라고 해요.

그나저나 프리다는 시에서 헌정한 자신의 동상과 TV 만화 영화 〈심슨 가족〉에 스타로 등장한 자기 모습을 보고 얼마큼 만족스러워하고 있을까요?

쓰나미에서 소녀를 보호한 코끼리
닝농

　많은 동물이 자연재해가 일어날 조짐을 사람보다 먼저 알아채곤 해요. 그렇다고 동물들한테 미래를 예견하는 능력이 있다는 건 아니에요. 지진이 일어나기 전 땅의 떨림 같은 작은 변화를 먼저 알아챈다는 뜻이지요.

　그 덕분에 말이나 개, 고양이들은 많은 이들의 생명을 구해 낸답니다. 그런데 닝농처럼 직접 사람의 생명을 구하는 일은 흔하지가 않아요.

　여덟 살짜리 영국인 여자아이 앰버 메이슨은 가족과 함께 태국에서 휴가를 보내고 있었어요. 앰버는 해변에서 관광객들을 등에 태운 채 거니는 코끼리들을 지켜보는 걸 좋아했지요. 그런데 놀랍게도 수줍음을 많이 타는 엠버한테 먼저 다가간 건 닝농이었답니다.

　닝농과 앰버는 서로의 마음을 아주 잘 이해했어요. 자연재해가 둘 사이를 방해하기 전까지는요. 앰버는 매일 닝농을 찾아가 함께 산책을 했지요. 그러던 어느 날, 역사상 최악의 쓰나미가

덮쳤답니다.

쓰나미란, 바닷속 지진으로 만들어지는 거대한 파도를 뜻해요. 높이가 무려 20미터가 넘는 것도 있어요. 그야말로 엄청난 파괴력을 가진 자연재해랍니다.

그날 닝농은 왜 그런지 온종일 안절부절못했어요. 앰버를 등에 태운 채 해변을 거니는 대신 높은 지대로 가려고 한사코 애를 썼지요. 위험 상황을 미처 알아차리지 못한 사육사는 그런 닝농의 행동을 억지로 막으려 했고요.

그러다 마침내 사육사도 그들에게로 몰아쳐 오는 무시무시한 파도를 보게 되었어요. 거대한 파도는 달아날 틈도 주지 않은 채 바짝 뒤쫓아 왔답니다. 그때 닝농은 파도를 피하지 못하리라는 것을 알고선 믿기 어려운 행동을 보여 줬어요. 앰버를 보호하기 위해 땅에 엎드려서 벽이 되어 주었거든요. 위험이 지나간 다음에야 그 둘은 무사히 해변으로 돌아왔지요.

코끼리는 꽤 영리하기도 하지만 사람처럼 우정을 나눌 줄 아는 동물이에요. 게다가 아주 오래전에 본 사람도 잊지 않을 만큼 기억력이 끝내주지요. 이 말은 곧 코끼리와는 평생 친구가 될 수도 있다는 뜻이에요!

디프테리아 치료제를 만든 말
짐

　말은 그 어떤 동물들보다 매력적이면서도 인류에 도움을 많이 준 동물 가운데 하나라는 의견에 토를 달 사람은 거의 없을 거예요.

　지난 몇 세기 동안 말은 가장 빠른 교통수단이었으니까요. 심지어 지금도 자동차 엔진을 묘사할 때 말 한 마리의 힘을 뜻하는 '마력'이라는 단어를 사용하고 있잖아요.

　여태껏 사람의 생명을 구한 말은 많지만, 짐처럼 수백만 명의 생명을 구한 말은 드물 거예요.

　19세기 말에 미국 뉴욕의 의사들은 디프테리아라는 감염병 때문에 큰 절망감에 빠져 있었어요. 수천 명에 이르는 아이들이 디프테리아로 죽어 가고 있었거든요.

　그 의사들 가운데 헤르만 빅스는 우연히 독일에서는 말들이 치료에 쓰인다는 이야기를 들었어요. 디프테리아에서 살아남은 말들의 혈액 속에서 디프테리아 독소를 없애는 물질이 만들어진다는 연구 결과가 나왔거든요.

빅스는 치료에 필요한 말들을 사 달라고 시에 요청했어요. 하지만 돈이 없다며 내년까지 기다리라는 답변만 돌아왔지요. 다시 절망에 빠진 빅스는 수레를 끌면서 집집마다 우유를 배달하던 말인 짐을 자기 돈으로 사 왔답니다.

결과는 매우 빠르게 나타났어요. 짐이 임무를 시작하고 얼마 지나지 않아, 디프테리아로 죽는 아이들의 수가 절반 이하로 뚝 떨어졌거든요.

그뿐만이 아니에요. 몇 년 뒤에 짐은 또다시 세상에 아주 큰 영향을 주었어요. 그때 짐은 다른 병에 걸려 있었는데, 그 병이 백신을 통해 사람들에게로 퍼지게 된 거예요. 그 일로 인해 백신 실험을 더욱더 안전하게 하기 위한 법안이 새로 만들어지게 되었답니다.

어쨌거나 짐은 자기 몸속의 혈액으로 무시무시한 질병을 낫게 하는 치료제를 만들게 함으로써 많은 아이들의 목숨을 구하고, 의학의 역사에도 길이 남게 된 셈이에요.

보스턴 치료견
로베르타와 친구들

　이 책은 영웅적인 동물들 이야기로 가득 차 있어요. 그들은 우리가 기대했던 것보다 훨씬 더 많은 일을 해서 명성을 얻었지요. 그런데 뭔가 화려한 공을 세우지는 않았지만, 그저 존재하는 것 자체만으로 다른 이의 생명을 구하는 동물들도 있어요. 몇 년 전부터 유명해진 보스턴 치료견들이 바로 그들이에요.

　반려동물은 이미 수천 년 전부터 그들의 주인을 위로하고 힘든 상황을 이겨내도록 돕는 역할을 했어요. 끔찍한 일을 겪은 피해자들을 돕기 위해 특별히 훈련된 개들을 이용하기 시작한 건 불과 최근의 일이지만요.

　미국에서 열리는 그 유명한 보스턴 마라톤에는 해마다 참가자들과 구경꾼들이 수천 명씩 모여요. 그런데 2013년에 결승점 부근에서 생긴 폭탄 테러 사건으로 세 명이 죽었을 뿐 아니라, 많은 이들이 정신적인 고통을 겪게 되었지요.

　많은 구조팀과 치료팀 외에도 전문적인 훈련을 받은 다섯 마

리의 치료견들이 그곳으로 보내졌어요. 생후 6주 때부터 여덟 달 동안 훈련을 받은 개들이에요.

비극적 사건을 목격한 피해자들은 어떤 일을 겪었는지 말하고, 자기 이야기를 들어 주는 누군가와 대화를 하는 것만으로도 치료에 도움이 된다고 해요.

좋아하는 존재를 꼭 끌어안고 쓰다듬는 일도 좋은 영향을 주어요. 개들은 보상을 바라지 않은 채 애정을 듬뿍 줄 뿐만 아니라, 어떤 일이건 잘잘못을 따지지도 않아요. 그래서 어떨 땐 사람들보다 더 위안이 되기도 하지요.

보스턴 폭탄 테러 사건에 투입된 개들은 번갈아서 다른 사람들을 치료했어요. 마치 진짜 심리학자들처럼요. 그리고 이 개들은 각자 SNS 계정이 있어서, 환자들은 치료가 끝난 후에도 계속해서 연락할 수 있었지요.

이런 방식의 치료는 환자들은 물론, 일반 사람에게도 크게 주목을 받았어요. 그리고 이 치료견들이 대중 매체에 소개되면서 아주 유명해졌답니다.

제1차 세계 대전에서 공을 세운 비둘기
셰르 아미

20세기 초 제1차 세계 대전이 터지자, 수백만 명의 사람들과 함께 상당수의 동물들이 전쟁터에 나가 싸웠어요. 특히 전서구(편지를 보내는 데 쓸 수 있게 훈련된 비둘기)들은 소식을 전할 때 아주 중요한 역할을 했지요. 방향 감각이 매우 뛰어났거든요.

사람들은 전서구에게 자기 서식지로 다시 돌아오려는 귀소 본능이 있다는 걸 알고서, 비둘기 다리에 짧은 메시지가 담긴 종이를 묶어 날려 보냈답니다. 이런 식으로 본부와 소식을 주고받았던 거지요.

셰르 아미는 영국인 조련사들이 미국 군대에 선물한 비둘기예요. 이 비둘기는 미국 군대에서 훈련을 받은 후 프랑스로 보내졌어요.

그때 하필이면 프랑스 군대가 탄약도 없고 식량도 없는 상황에서 독일군에 포위를 당하고 말았답니다. 그런데 황당하게도 영·프 연합군이 프랑스 군대가 거기 있다는 사실을 모른 채 폭

탄을 퍼붓기 시작한 거예요.

연합군에 구조 요청을 하러 떠난 병사 여럿이 목숨을 잃었어요. 결국 전서구들을 연합군에게 보내기로 했는데요. 처음 두 마리 역시 앞선 병사들과 같은 운명에 처하고 말았지요.

마침내 셰르 아미 차례가 왔어요. 셰르 아미의 발목에는 이런 메시지가 묶여 있었답니다.

"연합군의 대포가 우리를 죽이고 있소. 제발 멈추어 주시오."

셰르 아미는 날아가는 도중, 연합군의 총알에 맞아 눈 하나와 다리 하나를 잃었어요. 심각할 만큼 깊은 중상을 입고서도 40킬로미터나 되는 거리를 기록적인 시간 안에 날아가 임무를 다했지요. 그 덕분에 연합군의 공격을 멈추게 해 수백 명의 병사를 구했답니다.

전쟁 영웅 셰르 아미는 공적을 세운 대가로 메달을 여러 개 받았어요. 그리고 수술을 받아 나무 다리를 얻게 되었지요. 그 후 미국으로 돌아가(날아서가 아니라 배를 타고서!) 행복하게 살았다고 해요.

"동물들이 우리와 다르다고 해서
사람보다 열등한 건 아니에요."

_ 마크 베코프(미국 콜로라도 대학교 생물학 교수)

호기심을 한껏 자극하는 동물들

지금부터는 역사상 첫 번째 반려동물로 알려진 개를 시작으로 역사를 완전히 바꾸어 놓은 돼지와 월드컵 경기 결과를 예언한 문어에 이르기까지, 서로 다른 이유로 우리의 호기심을 자극하는 동물들을 만나게 될 거예요.

어떤 동물들은 우리를 웃게 하고, 어떤 동물들은 생각에 빠지게 하지요. 또 어떤 동물들은 염소처럼 고집이 센 건 정작 사람들이라는 사실을 깨닫게 해 주어요!

왕처럼 살다 간 개
아부티유

역사상 첫 번째 반려동물은 무엇이었을까요? 그걸 밝혀낼 수는 없겠지만, 이름이 알려진 첫 번째 반려동물은 바로 이집트 파라오의 개 아부티유였어요.

고대 페르시아와 이집트의 개들은 신성한 동물이자 숭배의 대상이었어요. 심지어 고대 이집트에서는 신들을 악어나 고양이, 재규어 등 동물의 머리가 달린 모습으로 표현하기도 했지요.

아부티유는 그레이하운드를 닮은 하운드 종이었는데, 파라오의 반려견이었다는 사실 외에는 알려진 게 거의 없어요. 아부티유의 주인이었던 파라오가 개의 묘비에 남긴 글과 목줄에 묶인 채 산책하는 모습이 담긴 그림만 일부 남아 있기 때문이에요. 게다가 정작 무덤은 발견되지도 않았지요.

음, 옛날에는 동물들도 묘지에 묻혔어요. 물론 부유한 주인들만이 자기가 키우던 반려동물을 묘지에 묻어 주었지만요. 심지어 고양이가 40만 마리 이상 묻힌 무덤이 발견되기도 했거든요!

아부티유라는 이름은 '끝이 뾰족한 귀'를 의미한다고 추측하

고 있어요. 옛날 문서에 등장하는 개들의 이름에 '부'라는 글자가 많이 나오는 것으로 미루어 봤을 때, 이집트 사람들이 개 짖는 소리를 그렇게 표현한 듯하기도 해요.

아부티유는 살아서도 호화로운 삶을 누렸지만, 죽은 다음에도 다른 개들보다 훨씬 더 융숭한 대우를 받았어요. 파라오가 아부티유를 많은 선물과 함께 매장하라고 명령했거든요. 고대 이집트인들은 죽은 이가 저승에 갈 때 자기 물건을 가지고 갈 수 있다고 믿었기 때문이에요.

혹시 미라한테 쫓기는 꿈을 꾼 적 있나요? 음, 그게 반드시 사람이라고 장담할 순 없어요!

전쟁 영웅 엘 시드의 애마
바비에카

　엘 시드는 스페인의 전설적인 영웅이에요. 본래 이름은 로드리고이고, 엘 시드는 아랍어로 '군주'란 뜻이지요. 로드리고가 이슬람 세력과 싸워 여러 차례 승리를 거두자 사람들이 그를 영웅으로 대접해 엘 시드라 불렀다지요.

　사실 엘 시드는 전쟁 영웅이라는 명성에도 불구하고 돈 버는 데 관심이 무척 많았다고 해요. 주로 자기 자신의 이익을 위해서 행동했는데요. 기독교인이든 이슬람교도든 가리지 않고, 자기한테 대가를 치르는 이들의 편에서 움직였다나요. 어찌 되었든 엘 시드가 전쟁에서 승리하리라는 사실만큼은 아무도 의심하지 않았어요.

　뭐니 뭐니 해도, 그 당시 용사들에게는 말이 가장 중요한 무기였어요. 그런데 말은 천성적으로 폭력이 난무하는 전쟁터보다는 반대 방향으로 달리려는 경향이 짙다고 해요. 전쟁터에서 적군을 이기자면 주인을 완벽하게 이해하고 따르는 말이 꼭 필요했지요.

전설에 따르면, 엘 시드에게 여러 말을 선보이면서 고르라고 했는데요. 그 말들은 거들떠보지도 않은 채 곧장 마구간으로 가서 키가 아주 작지만 훨씬 더 날랜 말을 골랐다지요.

그가 고른 말이 바로 바비에카예요. 바비에카는 엘 시드를 따라 칠십 번도 넘게 전투에 나갔는데, 단 한 번도 패배한 적이 없다고 해요. 그런 바비에카가 더 유명해진 것은 마지막 전투 때였답니다.

엘 시드가 죽은 다음 날, 적들이 습격을 하자 엘 시드의 부인 히메나는 묘안을 생각해 냈어요. 남편의 시체를 바비에카의 등에 실어 전쟁터로 내보낸 거예요. 엘 시드가 나타났다는 것만으로도 적들은 두려움에 빠져 벌벌 떨 테니까요. 그만큼 엘 시드는 적군에게 무시무시한 존재였거든요.

아니나 다를까, 적들은 바비에카를 보자마자 엘 시드가 살아 있다고 믿고는 "걸음아, 날 살려라." 하고서 허겁지겁 달아나 버렸다지 뭐예요.

어쩌면 이 이야기는 꾸며 낸 건 수도 있어요. 하지만 분명한 긴 바비에가는 매우 용감하고 성실히며, 전쟁에서 결코 패배한 적이 없는 말들 가운데 하나라는 사실이에요.

최초의 시각 장애인 안내견
버디

시각 장애인을 안내하는 안내견들은 마치 그동안 늘 있었던 것처럼 우리한테 아주 익숙한 존재예요. 그런데 안내견이 생긴 건 사실 그리 오래되지 않았다고 해요.

제1차 세계 대전이 끝난 뒤, 스위스의 한 병원에서 시력을 잃은 군인들을 돕기 위해 안내견들을 훈련하기 시작했어요. 버디는 그곳에서 태어나서 안내견 조련사 도로시 해리슨에게 훈련을 받았지요. 도로시는 안내견을 훈련하는 분야에서 선구자나 다름없었답니다.

한편, 미국에서는 모리스 프랭크라는 시각 장애인이 다른 사람들의 도움 없이는 일상생활이 어려워서 괴로움에 빠져 있었어요. 그러던 중 안내견을 훈련하는 스위스 병원에 대한 소식을 듣고는, 자신의 문제를 해결하기 위해 도로시에게 연락을 했지요.

도로시는 안내견 입양과 관련해서 더 자세한 이야기를 나누려고 그를 병원으로 초대했답니다. 그 덕분에 모리스와 버디가

처음 만나게 되었지요. 그 둘은 곧바로 서로를 이해했어요. 그 후 모리스는 다른 사람들한테 의지하지 않고도 어디든 갈 수 있게 되었답니다.

모리스는 미국으로 돌아와 도로시와 버디를 초대한 뒤, 최초의 안내견 훈련 학교를 세우자고 제안했어요. 그 소식이 알려지자 수많은 시각 장애인이 관심을 보였지요.

그런데 한 가지 심각한 문제가 있었답니다. 그 당시 개들은 호텔이나 식당, 기차, 비행기 등에 출입이 금지되었거든요. 모리스는 도로시, 버디와 함께 미국 전역을 돌아다니면서 안내견 버디를 널리널리 알렸어요.

그러면서 어디든 버디와 동행할 수 있게 해 달라고 호소했답니다. 버디가 시각 장애인들이 짚고 다니는 지팡이처럼 어디든 함께 갈 수 있기를 간절히 바라면서요. 버디는 아무한테도 폐를 끼치지 않도록 특별 훈련을 받은 상태였지요.

그들이 끊임없이 노력한 결과, 마침내 안내견들이 이제는 어디든 출입할 수 있게 되었어요. 사실 안내견들은 몸이 불편한 사람들에게 크게 도움이 될 뿐만 아니라 아주아주 매력이 넘치는 동물이에요. 바로 버디처럼요!

동물 실험으로 희생된 새끼 원숭이
브리츠

　동물 실험은 많은 논쟁을 불러일으키는 주제예요. 과학을 위해 꼭 필요한 일이라고 믿는 사람이 있는가 하면, 잔인하기만 할 뿐 불필요한 행위라고 비난하는 사람도 있으니까요.

　어쨌든 불과 얼마 전까지만 해도 과학계에서는 동물들이 겪는 고통에 관해서는 크게 신경 쓰지 않았어요. 그래서 '동물 해방 전선'이라는 단체가 등장하게 된 거예요.

　아주 작은 마카크원숭이 브리츠는 미국의 한 대학교 실험실에 갇힌 채 살고 있었어요. 태어났을 때부터 온갖 잔인하고 무익한 실험의 대상이 되었던 까닭에 브리츠의 삶은 조금도 행복하지 않았지요.

　한 학생이 그러한 사정을 동물 해방 전선에 알렸답니다. 그러자 이 단체는 어느 날 밤 그 대학을 급습해 그곳에 갇혀 있던 오백여 마리의 동물들을 구조했어요. 그리고 브리츠가 건강을 회복할 때까지 돌봐주었지요.

물론 이런 일은 결코 합법적이지 않아요. 하지만 동물 해방 전선 회원들은 과학이라는 이름으로 저질러지는 끔찍한 일들을 세상에 널리 알려야 한다고 생각했어요. 그래야 대중들이 그들의 편이 되어 줄 거라고 믿었으니까요.

그들의 행동은 논란의 여지가 많았지만 확실한 결과를 가져왔어요. 학대받은 브리츠의 사진을 보고 가엾게 여긴 사람들이 정부에다 새로운 법안을 만들라고 요구했거든요. 그 결과 동물 실험이 전면 금지되지는 않았지만, 적어도 실험을 하려면 정당한 이유를 설명해야 한다는 내용의 법이 생겼지요.

기업들도 좋은 이미지를 만들기 위해 동물 실험을 그만하기로 했답니다. 긍정적인 변화를 끌어내기 위해서는 많은 사람이 힘을 모아야 한다는 사실을 제대로 증명한 거예요.

브리츠는 치료를 받은 다음, 다른 동물들과 어울리는 법을 배웠어요. 그러고는 고아 원숭이들을 잘 돌보는 암컷 마카크원숭이에게 입양되어 행복하게 살아가게 되었지요. 이 작은 마카크원숭이는 많은 동물이 불필요한 고통을 겪지 않도록 도왔을 뿐만 아니라, 우리가 더 인간답게 살아가도록 이끌어 준 셈이에요.

찰스 다윈의 연구를 도운 거북
해리엇

거북들은 다른 동물보다 더 오래 살아요. 물론 산호나 조개처럼 더 단순한 생물들은 제외하고요. 해리엇은 무려 175년을 살았는데, 역사상 세 번째로 장수한 거북으로 알려진 동시에 흥미로운 역사를 가진 거북으로 꼽히기도 해요.

해리엇은 갈라파고스섬에서 평화로이 살다가 다섯 살 무렵에 찰스 다윈의 손에 이끌려 그곳을 떠났어요. 다윈은 비글호를 타고 전 세계를 두 번이나 탐험하면서 동물들의 특징을 연구했지요.

그리고 지역별로 그 특징이 다른 이유를 밝히려고 애쓴 끝에, 세상을 깜짝 놀라게 한 진화론을 만들어 냈답니다.

다윈은 특별히 흥미로운 생물들을 고른 다음, 보다 꼼꼼히 연구해 보기 위해 배에 실었어요. 마치 노아의 방주처럼 말이에요! 영국으로 돌아와 연구를 마친 다음에는 수백 마리나 되는 그 동물들을 다 어떻게 했을까요?

다윈은 사실 처음에는 박물관에 기증하려고 했어요. 그런데 선원들 중 몇몇이 애완동물로 기르기 시작했지요.

비글호의 선장은 해리엇을 데리고 항해를 마친 뒤, 은퇴할 무렵에 호주의 한 식물원에 기증을 했어요. 해리엇은 그곳에서 2006년까지 아주 평화로운 삶을 살았답니다.

그러니까 해리엇은 19세기 말에 태어나 20세기를 거친 뒤 21세기까지, 무려 3세기를 살았던 셈이에요. 그야말로 장수의 본보기라 할 수 있겠네요.

주인 찾아 4000킬로미터를 달린 개
바비

개들은 주인에게 충성을 다하는 동물이에요. 자기 주인에게 애정을 갖는 것뿐 아니라, 주인을 위해서라면 희생도 마다하지 않지요. 이번에는 온 세상을 떠들썩하게 만들었던 유명한 사건에 대해 얘기해 볼까 해요. 바로 '경이로운 개, 바비'의 이야기랍니다.

그때 바비는 주인 가족과 함께 차를 타고 여행 중이었어요. 주인 가족이 고속도로 휴게소에서 잠깐 쉬고 있을 때, 다른 개들이 나타나 마구잡이로 공격을 해 대는 거예요. 바비는 어쩔 수 없이 그곳에서 잠시 달아날 수밖에 없었지요. 그런데 다시 돌아와 보니, 주인 가족이 이미 사라져 버린 거 있지요?

그렇다고 그들을 비난할 수는 없었어요. 그들도 출발하기 전까지 이곳저곳 살피며 바비를 찾아 헤맸으니까요. 아, 이 사건이 벌어진 건 거의 한 세기 전이에요. 내장 칩이나 위치 추적 장치 같은 건 꿈도 꾸지 못하던 시절이었지요.

주인 가족은 바비를 끝내 찾지 못하자 슬픔에 빠져서 집으로

돌아갔어요. 가슴이 무척 아팠지만 계속 살아가야 했으니까요.

그런데 그로부터 여섯 달이 지난 후, 느닷없이 바비가 집으로 돌아왔지 뭐예요! 바비는 무척 지치고 굶주려서 갈증이 심했지만, 후각을 이용해서 주인 가족의 냄새를 쫓아 쉬지 않고 달려왔어요. 세상에, 무려 4000킬로미터를 달려서 주인을 찾아온 거예요!

바비 이야기는 세상 사람들 모두가 알 정도로 엄청나게 유명해졌어요. 더욱이 기자들이 바비가 달려온 길을 조사하면서, 오랜 여행 기간 동안 길에서 만난 사람들로부터 따뜻한 사랑을 받았다는 사실도 알게 되었지요.

그 후 바비는 오래오래 행복하게 살다가 평화롭게 세상을 떠났답니다.

그런데 글쎄, 바비의 장례식에 영화 〈린틴틴〉에 출연했던 스타견도 참석을 했다지 뭐예요. 이 개는 할리우드 인기 스타인데요. 일반 배우보다 인기가 많을 뿐 아니라, 할리우드 명예의 거리에 이름을 등재할 정도로 유명하다고 해요.

희망의 상징으로 거듭난 경주마
씨비스킷

미국의 대공황 시기에는 경제가 매우 어려웠어요. 사람들은 누구든 가난에서 벗어나 성공할 수 있다는 희망의 끈을 놓치고 싶어 하지 않았지요.

씨비스킷은 챔피언 가족 사이에서 태어난 순종 말이었어요. 그래서 다들 씨비스킷에게 건 기대가 아주 컸는데, 그 기대는 곧 실망으로 바뀌고 말았답니다. 씨비스킷은 먹고 자는 것만 지나치게 좋아하는 데다 행동이 무지 굼떴거든요. 가끔은 경주에도 나갔는데요. 처음 열 번의 경주에서는 단 한 번도 이긴 적이 없었어요.

그러자 화가 난 주인은 씨비스킷을 팔아 버렸지요. 새로운 조련사는 다행히 씨비스킷을 아주 잘 이해하는 사람이었어요. 그래서일까요? 씨비스킷은 나가는 경주마다 이기기 시작했답니다.

그 당시 경마는 지금보다 훨씬 더 인기가 많았어요. 씨비스킷은 얼마 지나지 않아 미국 전 지역에서 유명해졌지요. 씨비스킷에 대한 이야기와 사진이 라디오와 신문에 끊임없이 나왔거든

요. 씨비스킷의 이름을 딴 상품들까지 나와서 불티나게 판매되었답니다.

씨비스킷의 전성기는 워 애드머럴과 겨뤘던 때였는데, 그 열기가 얼마나 뜨거웠던지 '세기의 경주'로까지 불릴 정도였어요. 무려 4천만 명의 사람들이 숨을 죽이며 그 둘의 대결을 생중계하는 라디오에 귀를 기울였으니까요.

그때만 해도 워 애드머럴이 이길 거라는 데 돈을 건 사람들이 4 대 1의 비율로 더 많았어요. 씨비스킷이 제아무리 좋은 말이라 해도 다들 그의 경쟁자가 훨씬 더 훌륭하리라고 믿었나 봐요. 하지만 씨비스킷이 당당히 승리를 거두면서 그들의 믿음이 잘못되었다는 것을 다시 한번 증명해 보였답니다.

그런데 얼마 후, 씨비스킷이 그만 사고를 당하고 말았어요. 부상이 심해서 다시는 달리지 못할 거라는 사람들의 예상을 뒤엎고 또다시 트로피를 거머쥐었지요. 심지어 은퇴를 할 때는 역사상 가장 많은 상금을 받은 경주마로 기록되었답니다.

그 뒤 씨비스킷은 모두의 예상을 뒤엎은 승리의 상징으로서 사람들의 기억 속에 오래오래 새겨졌어요.

500년 넘게 산 조개
밍

'세상에서 가장 오래 산 동물을 발견한 후 처음으로 한 일은 그것을 죽게 한 것이다!'

여러 해 전, 영국의 신문에 이런 제목의 기사들이 실렸어요. 그러자 분노한 독자들이 신문사와 방송국으로 항의 편지를 보냈지요.

사실 그 사건은 설명하기가 다소 복잡해요. 한 연구팀이 날씨 변화를 조사하기 위해 아이슬란드에서 조개를 수집했어요. 날씨 변화랑 조개랑 무슨 관련이 있냐고요? 나무를 자르면 나이테의 수로 그 나무의 나이를 알 수 있다는 얘기를 들어 봤지요?

조개도 마찬가지예요. 껍데기를 관찰하면 조개의 나이를 알 수 있거든요. 그뿐만 아니라 조개껍데기를 분석하면 시기별로 바다의 변화나 상태를 연구할 수 있어요.

연구팀은 수집한 조개들을 분석하는 과정에서 우연히 그중 하나가 무려 500년 이상 살았다는 사실을 알게 되었답니다. 앞서 해리엇의 이야기를 소개했지만, 이 조개는 그 어떤 거북들보

다 훨씬 더 나이가 많았던 거예요. 자그마치 만 년 이상을 살 수 있는 산호들처럼 아주 단순한 삶을 살았기 때문에 가능한 일이었을 테지만요.

그 조개는 중국의 명나라 때 태어났기 때문에 '밍'이라고 불렸어요. 여기서 문제는 더 자세히 조사를 하려면 조개 껍질을 여는 수밖에 없었다는 거예요. 그렇게 되면 조개의 생명은 끝이 나는 거지요.

연구팀에 따르면 아이슬란드의 조개들은 추위를 견디기 위해 저항력을 키우는데, 그게 바로 장수의 비결이었다고 해요. 만약 그곳에서 나는 조개로 요리한 음식을 먹었다면? 적어도 밍만큼 나이가 많거나, 어쩌면 나이가 더 많은 조개일 가능성이 높다는 뜻이 되지요.

혹시 아이슬란드에 가서 조개를 볼 기회가 생긴다면, 중세 시대에는 어떻게 살았는지 한번 물어보세요!

에베레스트 정상에 오른 개
루피

　전 세계 유기견의 수는 대략 5억 마리에 이른다고 해요. 애견인들이 들으면 깜짝 놀랄 이야기지요.

　전 호주 골프 선수였던 조안 레프손은 인도를 여행하던 중 쓰레기 매립지에서 떠돌이 개를 발견하고 구조했어요.

　마침 키우던 개를 사고로 잃은 지 얼마 안 된 때였거든요. 조안은 그 개를 본 순간 첫눈에 반해서 루피라는 이름을 붙여 주었지요. 그리고 유기견의 비참한 상황을 전 세계에 알리기 위해 뭔가를 해야겠다고 마음먹었답니다.

　조안은 SNS상에서 이미 잘 알려진 인물이었어요. 오스카라는 반려견과 세계 곳곳을 다니며 유명한 풍경을 배경으로 사진을 찍어 사진집까지 출간한 적이 있거든요.

　루피를 입양한 지 일 년이 지난 후, 조안은 트레킹 원정대를 꾸려 루피와 함께 에베레스트를 등반하기로 했어요. 그들이 등반하는 길에는 복잡한 구간이 몇 군데 있었는데요. 그때마다 조안은 자신이 루피를 끌어 주어야 할 거라고 예상하고 있었답니

다. 그런데 사실은 그 반대였지요. 조안이 루피를 뒤쫓아 가야 했으니까요. 그 둘은 별 어려움 없이 에베레스트 등반에 성공했어요.

조안은 SNS를 통해 루피가 에베레스트 정상에 오른 첫 번째 개라고 밝혔지요. 그러자 루피보다 먼저 에베레스트 정상을 등반한 개가 있다는 둥, 루피보다 더 높은 곳에 올랐던 개가 있다는 둥 주장하는 사람들이 자꾸 나타났답니다. 갑자기 에베레스트에 오르지 않은 개는 이 세상에 단 한 마리도 없는 것처럼요!

중요한 것은 어떤 개가 에베레스트 정상에 먼저 올랐느냐가 아니라 유기견 입양에 대해서 알리고 싶은 거였는데 말이죠.

조안과 루피의 모험을 소개한 SNS를 수백만 명의 사람들이 팔로우했다는 것은 그 계획이 어느 정도 성공했다는 증거가 아닐까요? 어쨌거나 그 덕분에 SNS에서 유기묘 입양 운동도 일어나기 시작했답니다!

유럽에 민주주의를 가져온 돼지
이름 모름

　혹시 제목을 보고 이상하다고 생각했나요? 역사가 흐르는 동안 많은 사람이 곳곳에서 민주주의를 위해 싸웠어요. 그런데 설마 돼지가 진짜 그런 일을 했을 리가 있겠냐고요? 상상력이 많이 더해지긴 했지만, 이 이야기는 사실을 바탕으로 하고 있어요.

　12세기에 프랑스의 펠리페 왕자가 말을 타고 산책을 나섰어요. 그런데 갑자기 돼지가 끼어들면서 유럽의 운명이 바뀌는 사건이 벌어졌지요.

　돼지가 어찌나 잽싸게 달려오던지, 말이 깜짝 놀라 날뛰었어요. 그 서슬에 펠리페 왕자가 바닥으로 곤두박질을 쳤는데, 급기야 그대로 세상을 떠나고 만 거예요.

　그 후 프랑스의 왕은 파리의 거리에 돼지를 풀어놓는 것을 금지하는 한편, 둘째 아들 루이를 새로운 후계자로 지명했어요. 왕이 된 루이 7세는 레오노르라는 귀족과 결혼했는데, 나중에 레오노르에게 싫증이 나서 결혼을 무효로 했답니다.

　권력을 잃기 싫었던 레오노르는 영국의 헨리 2세와 다시 결혼

을 했어요. 그 둘 사이에서 태어난 아들 존 1세가 훗날 왕위에 올랐지요.

존 왕은 빚을 많이 진 까닭에 어쩔 수 없이 마그나 카르타라는 서류에 서명을 해야 했어요. 왕의 권력을 일부 양도하는 내용이 담긴 계약서였는데요. 이것이 바로 현대 민주주의의 기반이 되었다고 하지요. 왕의 절대 권력을 적으나마 처음으로 끌어내린 사건이었다고 할까요!

펠리페 왕자의 산책길에 돼지가 달려들지 않았더라면 지금쯤 역사는 어떻게 바뀌었을까요? 그건 아무도 모르는 일이에요. 만일 다른 사람한테 똑같은 일이 벌어졌다면 어땠을까요? 비슷한 문제와 맞닥뜨렸을 때, 매번 똑같은 해결책이 나왔을지도 모르지요. 뭐, 아닐 수도 있지만요.

민주주의는 매우 중요한 문제이고, 많은 이들이 노력을 기울인 끝에 얻은 결과예요. 그러니 유럽에 민주주의를 가져온 그 돼지도 세상에서 가장 영리한 동물들 가운데 하나로 인정해 주어야겠지요?

과학계에 혁신을 일으킬 뻔한
플라나리아

 수십 년 전, 이 실험은 믿기 어려울 만큼 놀라운 결과 때문에 엄청난 화제를 불러일으켰어요.

 이 이야기에 등장하는 주인공은 둘인데요. 그중 하나는 몸길이가 3센티미터밖에 안 되는 플라나리아예요. 플라나리아는 매우 단순한 동물이지만 아주 놀라운 특징을 가지고 있어요. 몸을 반으로 딱 자르면, 갈라진 두 부분이 저마다 각기 자라서 두 마리가 되거든요.

 두 번째 주인공은 과학자 제임스 맥코넬이에요. 그는 자신의 연구 논문을 익살스러운 글과 함께 출간하곤 했어요. 그러다 독자들이 자기 연구 논문과 유머를 구분하지 못하게 되자 그 일을 그만두었지요.

 맥코넬은 20년 동안 플라나리아를 이용해 많은 실험을 했어요. 그러다 플라나리아를 미로에 풀어놓고 빠져나오는 길을 학습시키는 데 성공했지요.

 가장 인상적이었던 것은 미로 실험에 참여한 플라나리아를

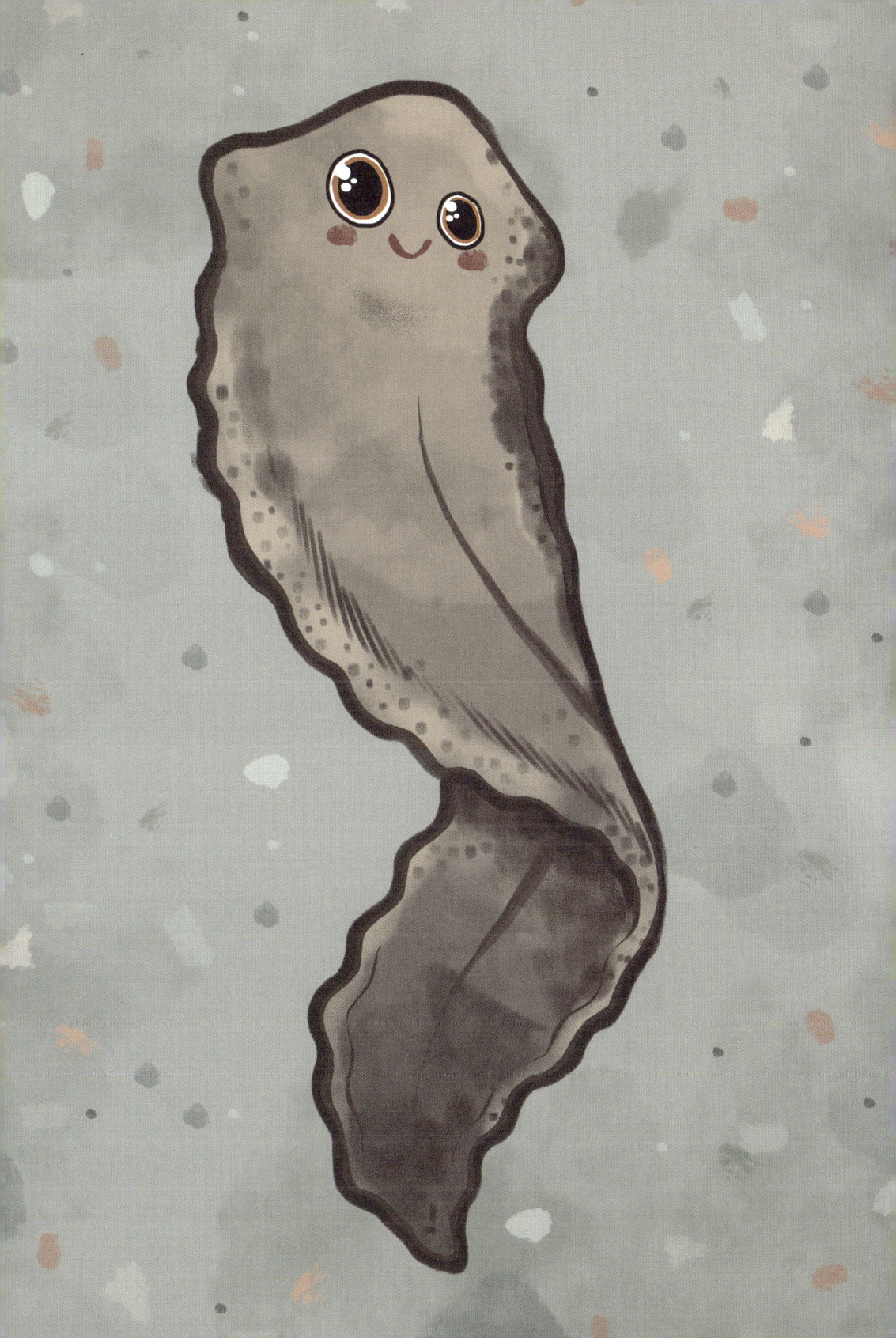

죽인 후 다른 플라나리아한테 먹게 했을 때인데요. 세상에, 죽은 플라나리아를 먹은 다른 플라나리아가 미로를 단 한 번에 통과한 거 있지요?

맥코넬은 첫 번째 플라나리아의 기억이 다른 플라나리아한테로 옮겨 갔다고 철석같이 믿었어요. 생물들은 세포에 기억을 저장하는데, 이 실험을 토대로 그 기억에 접근할 수 있다고 확신했지요.

사실 맥코넬의 실험 결과는 퍽 인상적이었어요. 하지만 희한하게도 다른 어떤 과학자도 또 다른 플라나리아로 실험을 해서 같은 결과를 얻지는 못했답니다.

새로운 플라나리아는 이전 플라나리아가 미로에 남긴 지저분한 흔적을 그저 쫓기만 했거든요. 실험을 반복하다 보니, 실험실이 엉망진창이 되어 버려서 어떤 플라나리아가 길을 알고 또 어떤 플라나리아가 모르는지조차 알아내기가 힘들었다지요. 결국 그 실험은 역사상 최악의 실험 중 하나로 평가받았어요.

사실 세포에는 우리가 생각했던 것보다 더 많은 정보가 담겨 있어요. 그렇다 하더라도 세포가 미로를 기억해 길을 찾는다는 건 얼토당토않은 이야기랍니다.

승리팀을 맞춘 점쟁이 문어
폴

세상에서 가장 영리한 동물들을 묻는 질문을 받으면 보통은 돌고래나 원숭이, 개, 코끼리 같은 포유류를 떠올릴 거예요. 그런데 까마귀랑 문어처럼 엄청나게 영리한데도 잘 알려지지 않은 동물들도 있어요.

사실 문어는 지능을 판단하는 기준 중 하나를 완벽히 충족시키는 동물이에요. 이를테면 뭔가를 시도하려다가 막히게 되면, 생각을 해서 다른 방식으로 다시 도전해 본다는 거예요. 기억력도, 문제 해결 능력도 없어서 똑같은 방식으로만 반복하는 여느 동물과는 완전히 딴판이지요.

동물들이 뉴스를 진행한다고 가정해 볼까요? 뒤쪽에 나오는 마멋(다람쥣과 마멋속의 포유류) 필이 일기예보를 맡는다면, 폴은 스포츠 뉴스를 전하는 역할이 딱 어울릴 거예요.

문어는 대략 2년을 살아요. 그런데 폴은 3년을 살았지요. 2010 닌 월드컵 경기에서 스페인이 우승하리라는 것을 비롯해, 거의 모든 결과를 알아맞히면서 전 세계적으로 유명해졌답니다.

폴은 영국의 한 수족관에서 태어났는데요. 얼마 뒤 독일의 해양 생물 박물관으로 옮겨 간 다음부터 특별한 능력을 보여 주기 시작했어요.

폴이 있던 수족관에 홍합이 담긴 유리 상자 두 개를 넣은 다음 대결하게 될 두 나라의 국기를 꽂아 두어요. 폴이 어느 상자의 홍합을 먹느냐로 승리할 팀을 예언하는 식이지요. 폴이 여덟 번을 예언했고, 정확히 일곱 번을 맞췄다는 것은 정말 신기한 일이 아닐 수 없었어요.

물론 폴은 축구의 '축' 자도 몰랐답니다. 그저 관리인들이 이끄는 대로 보여 줬을 뿐이지요. 그런데도 문어가 속임수를 썼으리라고 생각하는 사람은 아무도 없었어요. 다들 그 예언을 철석같이 믿은 거예요.

폴이 월드컵 슈퍼스타로 떠오르자 여우원숭이부터 귀가 들리지 않는 고양이까지, 그 뒤를 잇는 예언자들이 수없이 등장했어요. 하지만 폴과 같은 신통한 능력을 보여 준 동물은 그 어디에도 없었지요.

폴이 하늘나라에서 부디 평안하길! 지금쯤 바닷속 용궁에 있으려나요?

망가진 숲을 되살리는 개들
다스·올리비아·썸머

  이 세상의 주인은 다름 아닌 우리 자신이므로 세상을 보호하는 일 역시 우리 몫이에요. 그 일에 누구보다 앞장선 이들이 프란시스카와 콘스탄사 토레스 자매, 그리고 세 마리의 보더콜리 올리비아, 썸머, 다스예요. 그들은 기발한 아이디어로 SNS에서 화제를 불러일으켰어요.

  2017년, 칠레에 역사상 최악의 산불이 발생했어요. 4500제곱킬로미터의 땅이 황폐해졌고, 그 자리에 남은 건 시커먼 재뿐이었지요. 프란시스카는 불이 삼키고 지나간 숲을 걸으면서 살아 있는 것이라고는 아무것도 없다는 사실에 무척이나 놀랐답니다.

  동물 보호 단체 'Pewos'의 대표인 프란시스카는 훼손된 산림을 복구하기 위해 가능한 한 모든 일을 해야겠다고 다짐했어요. 하지만 그것은 실로 엄청난 과제였지요. 굉장한 노력과 의지가 필요한 일이었거든요. 다행히 프란시스카는 혼자가 아니었어요. 자신을 기꺼이 도와줄 동생 콘스탄사와 그들의 개 다스, 올리비아, 썸머가 있었으니까요.

이들 세 마리의 개는 특별한 배낭을 메고 드넓은 숲을 신나게 뛰어다녔어요. 개들이 뛸 때마다 배낭에서 씨앗이 떨어져 숲 곳곳에 흩뿌려졌지요.

개들은 밖으로 한 번 나갈 때마다 30~40킬로미터를 돌아다녔답니다. 그리고 혹시라도 야생 동물들과 마주치면 공격하지 않고 한 번만 짖도록 훈련받았어요. 그 덕분에 프란시스카는 숲에 살아 있는 동물이 돌아온 것을 그때그때 확인할 수 있었지요.

처음에는 다들 프란시스카의 계획이 별 효과가 없을 거라고 말했어요. 하지만 이미 숲 열다섯 곳에 식물과 곤충, 그리고 작은 짐승들이 돌아왔는걸요.

다스와 썸머, 그리고 올리비아는 그렇게 열심히 뛰어놀면서 숲을 구했으니, 그야말로 최고의 임무를 수행한 셈이에요.

"한 나라의 위대함은
동물을 어떻게 대하는지를 보고
판단할 수 있어요."

_ 마하트마 간디(인도의 정치가·민족 운동 지도자)

사람들에게 사랑을 듬뿍 받은 동물들

배우가 되어서 수백만의 팬들을 거느린 동물도 있고, 또 시장이 된 동물도 있어요. 정말이에요! 어떤 동물은 주인을 향한 충성심과 주인과의 우정으로 전 세계적으로 큰 사랑을 받기도 했지요.

그들은 때때로 충실한 게 뭔지 사람들에게 도리어 가르침을 주기도 해요. 설령 누군가가 여러분을 '동물'이라고 부른다 해도 아주 느긋하게 대답하면 돼요. "고마워!" 하고.

전 세계에 단 한 마리뿐인 흰색 고릴라
코피토 데 니에베

스페인어로 '눈송이'라는 뜻의 코피토 데 니에베는 어쩌면 가장 알아보기 쉬운 고릴라일 거예요. 물론 가장 많이 사랑받았던 동물 중 하나이기도 하지만요.

코피토 데 니에베는 그 당시 스페인의 식민지였던 적도 기니에서 태어났답니다. 커피와 바나나를 재배하는 농장에서 도둑질하던 고릴라를 사냥하다가, 고릴라 등에 업힌 새끼를 발견했는데요. 여태껏 한 번도 본 적 없는 알비노 고릴라였어요. 털이 온통 새하얀 고릴라 말이에요.

그 근처에 바르셀로나 동물원으로 보낼 동물들을 사람들에게 익숙해지도록 훈련하는 시설이 있었어요. 사냥꾼들은 90유로쯤(우리나라 돈으로 약 123,500원)을 받고 코피토를 그곳에 팔았어요. 코피토는 얌전한 데다 사람들과 잘 어울려 지냈기 때문에 금방 바르셀로나 동물원으로 보내졌지요.

코피토가 사람들에게 엄청난 사랑을 받게 되리라는 걸 이미 예상했기 때문에 바르셀로나의 시장이 친히 마중을 나오기까지

했어요. 실제로 코피토를 향한 사람들의 사랑은 상상을 초월할 정도였지요. 월간 잡지 《내셔널 지오그래픽》 앞표지에 사진이 실리면서, 코피토는 바르셀로나의 상징으로 자리 잡았어요. 코피토는 세상에 단 한 마리뿐인 흰색 고릴라였으니까요!

쉽지 않다는 걸 알면서도 다들 코피토가 하얀 털을 가진 새끼를 낳기를 바랐어요. 백색증은 자손에게 전해질 가능성이 희박한 돌연변이거든요. 코피토는 새끼를 여럿 낳았지만, 그중 흰 고릴라는 한 마리도 없었답니다.

코피토는 30년 넘게 바르셀로나 동물원에서 왕으로 군림하다가 백색증 때문에 생긴 피부암으로 세상을 떠났어요. 코피토의 DNA 표본을 채취해서 지금도 보관하고 있는데요. 코피토의 이름은 늘 복제할 동물들 명단 제일 앞쪽에 자리하고 있지요. 그러니 언젠가 코피토를 다시 만나게 될지도 몰라요. 다음엔 동물원 말고 다른 곳에서 만날 수 있으면 좋겠네요!

주인에게 충성을 다한 개
하치코

일본에서는 가족에 대한 충성을 굉장히 중요하게 생각해요. 그러니 하치코가 일본 국민의 영웅이 된 것이 하나도 이상할 게 없다는 얘기예요.

대학 교수였던 주인은 농장에서 하치코를 사서 도쿄로 데리고 갔어요. 주인이 일을 마치고 돌아올 때면 하치코는 날마다 역으로 마중을 나가서 함께 집으로 돌아왔지요.

그런데 1년 뒤, 주인이 일하던 중 갑자기 세상을 떠났어요. 하치코는 그날도 역으로 마중을 나갔지만, 주인을 끝내 만나지 못했답니다.

하치코는 9년이 넘도록 매일 정확히 같은 시각에 역으로 가서 주인을 기다렸어요. 시부야역은 사람이 많기로 유명했는데요. 하치코가 죽은 주인을 기다린다는 사실이 알려지면서 많은 이들이 하치코에게 관심을 보였지요. 사실 처음에는 역무원들이 히치코를 매몰차게 쫓아내곤 했는데, 어느 순간 모든 것이 바뀌어 버렸답니다.

세상을 떠난 교수의 제자가 쓴 하치코의 이야기가 신문에 실리자 많은 사람들이 그 글을 읽고 크게 감동을 받았거든요. 역무원들도 하치코에게 먹을 것을 주기 시작했고요.

하치코 이야기가 널리 알려지고 그만큼 유명해지면서 하치코는 어느새 일본의 상징으로 자리 잡았어요. 하치코에 관한 책들이 여러 권 나왔고, 시부야역의 입구 중 한 곳에 하치코의 이름이 붙여지기까지 했지요.

그뿐만이 아니에요. 일본 곳곳에 하치코를 기리는 동상이 세워졌으며, 국경을 넘어 미국에서도 하치코에 관한 영화가 만들어졌답니다. 몇 년 뒤, 리차드 기어가 출연하는 두 번째 영화가 만들어지자 하치코 이야기는 전 세계로 퍼져 나가기 시작했어요.

하치코는 이미 오래전에 세상을 떠났는데요. 영광스럽게도 자기 주인의 무덤 옆에 묻혔다고 해요. 이제 하치코는 주인에게 충성을 다하는 동물의 본보기로 사람들의 마음속에 깊이 자리하게 되었답니다.

역장이 된 일본 고양이
타마

고대 이집트 사람들이 고양이를 반려동물로 삼기 시작한 이후로 고양이는 가장 많이 사랑받는 동물들 가운데 하나로 꼽히고 있어요. 오늘날 인터넷에서는 말할 것도 없고요!

고양이에 무척 열광하는 나라를 하나 꼽자면 바로 일본이에요. 일본에서는 고양이를 내세웠을 때 기업이 가져올 수 있는 이익을 전문으로 연구하는 경제 부서도 있을 정도니까요.

이번에는 일본의 운송 분야에서 놀랄 만한 경력을 쌓은 고양이 타마의 이야기를 들려줄게요.

도쿄의 한 기차역은 여행객의 감소로 문을 닫기 직전에 이르렀어요. 사람들은 기차역의 폐쇄를 반대했지만, 더 많은 여행객을 끌어들이려면 뭔가 좋은 아이디어가 필요했지요.

사실 그 역은 길고양이들이 많기로 유명해서 역무원들과 여행자들이 먹이를 가져다주곤 했거든요. 그래서 역장은 깊은 고민 끝에 길고양이 타마를 새 역장으로 임명하자고 제안했답니다. (와카야마 전철 기시가와선 기시역의 매점에서 키우던 고양이란 애

기도 있어요.)

 이 재미난 아이디어는 자못 진지하게 받아들여졌어요. 타마에게 딱 맞는 역장 모자를 만드는 데만 꼬박 여섯 달이 걸린 걸 보면요.

 결과는 아주 성공적이었어요! 단 한 달 만에 여행객 수가 두드러지게 증가했고, 그 수가 날이 갈수록 더욱더 늘어났거든요. 1년 뒤 타마는 일본에서 가장 훌륭한 역장에게 주는 상을 받고 '특별 역장'으로 승진을 했답니다.

 사실 그 직책은 타마를 위해 만들어 낸 거였어요. 얼마 뒤, 기차 안을 고양이 이미지로 꽉 채운 '타마 기차'도 만들어졌지요. 타마는 또다시 승진을 했는데요. 철도 회사에서 세 번째로 높은 직책에 오르게 되었다나요.

 농담처럼 들릴지 모르지만, 타마가 그 지역 관광 산업에 가져온 이익은 일본 돈으로 1조 엔(우리나라 돈으로 약 10조 3,551억 원)이 넘는다고 해요. 2011년 1월에는 우리나라 대한항공의 광고에도 출연했어요.

 일본에는 "성공하려면 네 인생에 고양이를 들이라."는 말이 있는데요. 타마가 바로 그 증거라 할 수 있지 않을까요?

날씨를 예언하는 마멋
필

미국의 한 작은 마을에서 해마다 열리던 축하 행사 '마멋의 날'은 전 세계 텔레비전에서 재방송될 정도로 특별한 이벤트로 자리 잡았어요. 영화 〈사랑의 블랙홀〉 덕분이지요.

'마멋의 날'은 독일 전통에서 영향을 받았어요. 독일에서는 겨울잠에서 깬 고슴도치가 자기 그림자를 보면 이어서 잠을 더 자기 때문에 겨울 날씨가 6주 동안 더 이어진다고 믿는 풍습이 있거든요. 이런 풍습이 미국으로 건너갔고, 독일의 고슴도치가 그 지역의 대표 동물인 마멋으로 바뀌었지요.

마멋인 필은 매우 특이한 동물이에요. 마멋들은 대개 6년을 사는데요. 필은 1887년에 태어났는데도 여태 늙지를 않았거든요. 마멋의 날 행사를 조직한 이들에 따르면, 필이 늙지 않는 이유는 젊음을 되찾게 하는 음료를 마시기 때문이라고 해요.

아, 그렇게 오래 살면서도 인간의 언어를 배우지는 못했지요. 그래도 필이 한 가지 잘한 일이 있었어요. 마멋 동호회 대표에게 자기 말을 알아듣게 하는 나무 막대기를 주었다나요.

해마다 2월 2일이 되면, 사람들은 마을 축제를 열면서 막대기를 가져가 필이 자기 그림자를 봤는지 못 봤는지, 즉 겨울잠을 이어 갈 건지 이제 그만 깰 건지 물어보았지요.

필은 미국뿐 아니라 다른 나라에서도 크게 사랑을 받았어요. 물론 필을 싫어하는 이들도 있어서, 필의 예언이 틀릴 때마다 소송을 걸기도 했다지요.

어쨌거나 주최 측은 공식적으로는 필의 예언이 100퍼센트 적중한다고 밝히고 있어요. 혹시라도 필이 실수한 것처럼 보이는 해가 있어도, 그건 그저 마멋 동호회 대표가 필의 말을 제대로 이해하지 못했기 때문이라고 해 버리니까요.

그렇다고 해도 나이가 나이이니만큼 필이 몇 차례 착각을 한 적이 있었어요. 비가 많이 내리는 날 자기 그림자를 봤다고 하거나, 햇볕이 쨍쨍한데도 그림자를 보지 못했다고 할 때가 가끔 있었거든요.

1887년 이후로 필의 예언을 분석해 보면 10년에 네 번 정도는 틀릴 때가 있는 것 같아요. 하지만 텔레비전에 나오는 기상 통보관의 예보가 틀리도 아무도 뭐라 하지 않잖아요! 그러니까 필의 오보도 너그럽게 이해해 주기로 해요.

영화계에서 가장 유명한 사자
레오

레오는 역사상 가장 많이 알려진 사자예요. 무려 한 세기가 넘도록 미국 영화사인 메트로 골드윈 메이어(MGM)의 모든 영화가 시작될 때마다 등장했거든요. "레오가 세 번 울부짖으면 그 영화는 재미있다."라는 소문까지 있었지만, 그건 그저 헛소문일 가능성이 높아요.

또 다른 소문이 최근 몇 년 동안 SNS에서 퍼지기도 했는데요. 꽁꽁 묶여 있는 사자를 거의 고문하다시피 하는 모습을 촬영한 사진이 돌아다녔거든요.

나중에 알고 보니, 진찰을 하기 위해 묶어 두었던 다른 사자의 모습을 교묘히 편집한 사진이었어요. 그러니 인터넷상에서는 보이는 대로 고스란히 믿어서는 안 된다는 말씀!

MGM 영화사의 로고가 여러 번 바뀌었는데, 지금까지 일곱 마리의 사자가 모델로 활약했어요. 영화 기술이 발전하면서 로고 디자인에도 변화가 있었지요.

첫 번째 사자는 무성 영화일 때라 울부짖지 않았고, 유성 영화

가 시작된 뒤 두 번째 사자부터 울부짖기 시작했답니다. 하지만 그때도 여전히 흑백 영화일 때였어요.

우리한테 친숙한 레오는 50년 전부터 등장했는데, 서커스단에서 학대받던 사자였지요. 레오는 온순한 성격 덕분에 촬영하기가 꽤 수월한 편이었다고 해요. 레오가 처음으로 맡았던 역할은 영화 주인공이었던 시각 장애인 여자아이의 친구였어요.

그런데 사자들은 그렇게 인상적으로 울부짖지 않아요. 사실 MGM 로고 속 우렁찬 울음소리의 주인공은 호랑이거든요.

MGM의 역대 사자 중에서 가장 유명한 모델은 1930년대에서 1950년대까지 활동한 재키였어요. 다들 '행운아 재키'라고 불렀지요. 재키는 활동하는 동안 한 번의 지진과 두 번의 기차 충돌 사고, 스튜디오 폭발 사고를 겪었는데요. 그것으로도 모자라, 비행기 사고로 나흘 동안 정글에서 비행기 안에 있던 물과 샌드위치로만 버티면서 살아남았다지요.

MGM은 이제 더는 새로운 로고 디자인을 위해 사자를 뽑지 않는다고 해요.

할리우드에서 활약한 개
팰

 팰은 미국 할리우드에서 태어났어요. 장차 배우가 될 운명이었던 거지요. 사실 팰이 처음부터 주목을 받았던 건 아니에요. 지나칠 정도로 커다란 눈이며 이마에 있는 하얀 줄무늬 때문에 싼값에 팔렸거든요.

 첫 번째 주인은 팰을 그다지 좋아하지 않았어요. 걸핏하면 컹컹 짖어 대는 데다 오토바이만 보면 쫓아가는 버릇 때문이었지요. 그래서 영화에 출연하는 개들을 훈련하는 루드 웨더왁스에게 팔아넘겼답니다. 그리고 얼마 지나지 않아, 팰은 또다시 새로운 주인을 만나게 되었어요.

 루드는 개가 등장하는 유명한 소설 《래시》를 영화로 만들 거라는 기사를 읽고 팰이 주인공으로 어울릴 거라고 생각했답니다. 그래서 친구에게 팔았던 팰을 되찾아와서 공들여 훈련한 다음, 제작자를 찾아가 팰의 출연을 제안했지요. 하지만 제작자는 팰이 아닌 다른 개에게 주인공 역할을 맡겼어요. 그 대신 팰을 대역으로 쓰기로 하고서요.

다행히 마지막에는 팰에게 기회가 주어졌어요. 주인공으로 뽑힌 개가 물에서 찍는 장면의 연기를 거부했거든요. 그래서 팰이 연기를 해 보았는데, 그 역할을 아주 잘 소화해 냈을 뿐만 아니라 "어때? 마음에 들어?" 하는 표정으로 카메라를 처다보기까지 했다지 뭐예요? 결국엔 팰이 주인공 역할을 맡게 되었어요.

팰의 커다란 눈과 이마에 난 하얀 줄무늬……. 단점으로 여겨졌던 것들이 장점으로 바뀌면서 팰은 사람들의 사랑을 듬뿍 받았지요. 그렇게 해서 일곱 편의 〈래시〉 영화와 텔레비전 시리즈가 만들어졌답니다. 팰이 나이가 들자 새끼 중 한 마리가 그 뒤를 이어 갔어요.

텔레비전 시리즈는 몇 년 동안 계속 방영되었답니다. 새로운 래시마저 나이가 들자 또 다른 새끼, 그러니까 팰의 손자에게 주인공 역할을 물려줘 가면서요.

시간이 많이 흐른 뒤 텔레비전 시리즈를 다시 제작하기로 하자 사람들은 하나같이 이의를 제기했어요. 팰의 후손을 주인공으로 뽑지 않았거든요. 결국 제작자는 시청자들의 요청을 들어줄 수밖에 없었지요. 그 덕분에 팰의 후손들은 할리우드 배우 가문이라는 명예를 거머쥐게 되었답니다.

고마움을 잊지 않은 펭귄
딘딤

사람에게 충성을 다하는 동물들의 이야기는 셀 수 없이 많아요. 대개는 사람과 가장 비슷한 포유동물과 관련된 이야기지요.

그 외의 동물들에게서 비슷한 이야기를 듣기란 쉽지 않은 일이에요. 설마 펭귄 같은 동물한테서 충성심을 기대하고 있는 건 아니죠?

펭귄은 공룡의 후손으로, 그저 새일 뿐인걸요. 하지만 브라질에 사는 한 할아버지가 구해 준 뒤로 해마다 잊지 않고 찾아오는 펭귄 딘딤의 이야기를 들으면 깜짝 놀랄 거예요!

어느 날 해변에서 기름 범벅이 되어 거의 움직이지 못하던 펭귄 한 마리를 어떤 할아버지가 발견했어요. 할아버지는 아주 조심스럽게 펭귄을 씻긴 다음(새의 깃털을 다치지 않게 씻기는 건 절대 쉬운 일이 아니에요!) 여러 날 동안 먹이를 주며 돌봐주었지요. 그러고는 펭귄이 기운을 차리기 시작하자 가까운 섬으로 데려가서 놓아주었답니다.

그런데 놀라운 일이 벌어졌어요. 몇 달 뒤, 펭귄이 돌아온 거

예요. 할아버지와 펭귄은 서로에게 깊은 애정을 느꼈어요. 그때부터 딘딤은 1년 중 여덟 달은 할아버지와 살았고, 나머지 넉 달은 다른 펭귄들과 함께 남쪽으로 가서 지내다 돌아왔지요.

이 감동적인 이야기는 SNS를 통해 전 세계에 알려졌어요. 사람들은 딘딤이 할아버지를 펭귄으로 생각하는 것 같다고 말했지요.

딘딤의 사례를 연구한 생물학자와 과학자들은 딘딤이 할아버지를 만나러 가는 게 아니라 할아버지와 함께 사는 거라고 결론지었답니다. 비록 이주 본능에 따라 다른 펭귄들처럼 더 추운 곳으로 몇 달씩 여행을 다녀오긴 하지만요.

어쨌든 분명한 것은, 외로운 두 영혼이 서로에게서 애정과 편안함을 찾았다는 거예요. 그것 말고 뭐가 더 중요하겠어요?

상파울루 시장으로 뽑힌 코뿔소
카카레코

정치인들은 모두 다 똑같다는 말을 하지요. 약속을 함부로 하고, 늘 웃는 얼굴을 하고, 아이들을 안아 주고, 앞에 있는 사람들과 악수하고……. 어쨌거나 그들은 다 사람이잖아요.

1958년에 브라질의 상파울루에서는 앞에서 말한 정치인들과는 전혀 다른 이가 시장 선거에서 당선되었어요. 당선자는 다름 아닌 코뿔소 카카레코였지요.

카카레코는 리우데자네이루의 동물원에서 태어났어요. 그 후 몇 달간 상파울루 동물원에서 지내다가 명성을 크게 얻기 시작했답니다.

상파울루 시민들은 약속을 지키지 않는 정치인들한테 진절머리가 나서 선거를 방해하기로 했지요. 그 당시만 해도 투표를 할 때 지금처럼 이름이 인쇄된 투표용지에 도장을 찍어 표시를 하는 게 아니라 자기가 원하는 후보의 이름을 직접 쓰는 거였어요. 그런데 그 무렵 한 학생 단체에서 항의의 뜻으로 차라리 카카레코를 시장으로 뽑는 게 더 낫겠다는 말을 하게 된 거죠.

그들은 큰 기대 없이 그들의 의지를 널리 알렸어요. 사실 사람들이 그렇게까지 지쳐 있었는지 잘 몰랐던 거예요. 그런데 농담에서 시작된 일이 급기야 카카레코를 시장으로 당선시키고 말았지요. 그것도 십만 표 이상의 차이로! 심지어 선거가 있기 이틀 전, 카카레코는 이미 리우데자네이루 동물원으로 돌아간 뒤였답니다.

그제야 정치인들은 시민들이 전하는 메시지를 이해하고는 그 선거를 무효로 한 뒤 재선거를 치렀어요.

사실 카카레코는 선거에서 당선된 유일한 동물은 아니에요. 카카레코를 시작으로 캐나다에서는 코뿔소당이 생겼고, 리우데자네이루에서는 한참 뒤 원숭이가 입후보했으며, 미국의 여러 마을에서는 개가 (명예) 시장으로 뽑혔거든요.

코뿔소 카카레코는 비록 정치를 하지는 못했지만, 적어도 약속은 지켰다고 할 수 있어요. 애초에 약속 같은 걸 전혀 안 했으니까요!

사람을 그리워한 범고래
케이코

영화 〈프리 윌리〉는 1990년대에 엄청난 사랑을 받았던 영화 중 하나예요. 윌리는 수족관에 사는 고래였는데, 한 아이와 친구가 된 덕분에 구조되어 바다로 돌아갈 수 있게 되었지요.

영화 팬들은 주인공 역을 맡았던 고래 케이코가 현실에서는 여전히 수족관에 갇혀 있다는 사실을 알고 깜짝 놀랐어요. 케이코는 처음 잡힌 뒤 핀란드의 한 수족관으로 팔려 갔답니다. 그 후 캐나다로 다시 팔렸고요.

그런데 그곳에서 다른 범고래들이 케이코를 괴롭히는 바람에 또다시 멕시코로 팔려 가게 되었어요. 그곳은 수족관이 너무나 작은 데다 물이 지나치게 따뜻해서 케이코가 살기에는 그리 좋은 환경이 아니었지요.

〈프리 윌리〉 제작사와 한 유명한 갑부가 힘을 합해 케이코에게 자유를 되돌려 주기 위해 기금을 모으기 위한 재단을 만들었답니다. 케이코를 되사는 데 드는 돈도 많이 필요했지만, 이처럼 거대하고 엄청나게 무거운 동물을 산 채로 운반하는 비용 역시

엄청나게 비쌌거든요.

결국 어마어마하게 많은 이들이 기부해 준 덕분에 필요한 돈을 모을 수 있게 되었어요. 케이코는 곧 아이슬란드로 옮겨져 새로운 삶에 적응하기 위한 연습을 하다가 마침내 바다로 돌아가게 되었지요.

그런데 얼마 뒤, 사람들을 그리워했던 케이코가 해안에 모습을 보이기 시작했답니다. 그뿐만이 아니에요. 아이들에게 타라는 듯 자기 등을 내어 주기도 했다지요.

전문가들과 과학자들의 조언에 따라, 그 마을에서는 케이코를 기쁘게 받아들였어요. 케이코는 곧 그 마을에 활기를 불어넣었고, 마침내 자신도 행복을 찾았다는군요.

케이코는 포획된 동물들을 무작정 풀어 주는 게 그리 단순하게 생각할 일이 아니라는 사실을 우리에게 알려 주었어요. 만일 처음부터 동물들을 잡지 않았다면 어땠을까요?

영국 여왕을 무시한 고양이
도킨스

영국 사람들이 고양이를 사랑하는 마음은 일본 사람들 못지 않아요. 영국인들은 고양이가 뭐든 하고 싶은 대로 하게 내버려 두지요. 사람이라면 절대 용납할 수 없는 것들까지도요. 이를테면 여왕님을 감히 무시하는 행동까지 말이에요.

런던의 한 대성당에서 쥐 잡는 고양이를 찾고 있었어요. 길고양이였던 도킨스는 스스로 그 성당에 들어갔지요. 쥐잡이는 예전부터 건물이나 배에서 주로 필요로 했던 일이었답니다.

도킨스의 제멋대로인 성격은 곧바로 드러났어요. 자고 싶은 데서 자고, 미사에 참석했다가도 지루해지면 중간에 나가 버렸거든요. 게다가 쥐를 사냥할 때는 미사 중이라도 전혀 개의치 않았지요. 그리고 성탄절을 무척이나 좋아했는데요. 특히 아기 예수님의 요람에서 낮잠 자는 걸 즐겼어요.

한번은 결혼식이 열리는 동안 제단까지 신부와 동행하기도 했지요. 그 모습을 보고 다들 엄청나게 재미있어 했답니다.

도킨스는 대성당 신자들의 사랑을 듬뿍 받으며 점점 더 유명

해졌어요. 심지어 도킨스를 만나러 일부러 오거나 함께 사진을 찍기 위해 찾아오는 이들이 있을 정도였지요.

 그곳을 찾아온 방문객 가운데 가장 유명한 사람은 다름 아닌 엘리자베스 2세 여왕이었어요. 여왕은 대성당의 스테인드글라스를 보기 위해 행차했는데요. 바로 그 아래 의자에서 낮잠을 자던 도킨스는 눈만 빼꼼 떴을 뿐 꼼짝도 하지 않았지요.

 그러자 신부가 여왕에게 용서를 구했답니다.

 "이 아이는 여왕님의 방문에도 감동하지 않은 몇 안 되는 여왕님의 백성 중 하나랍니다."

 그 말을 듣고 여왕이 웃음을 터뜨리자 분위기가 금세 좋아졌어요. 도킨스의 행동이 여왕의 기분을 상하게 하지 않았던 거예요. 버킹엄궁에도 여왕의 고양이가 여러 마리 사는데요. 여왕이 지나갈 때 길을 비키지 않는 건 오직 고양이들뿐이라나요?

영화 역사상 가장 유명한 동물 배우
지츠

지츠는 영화 〈타잔〉에서 치타 역을 맡았던, 영화 역사상 가장 유명한 원숭이예요. 아프리카 서부 라이베리아 공화국에서 태어난 지츠는 모험 영화에서처럼 새끼였을 때 팔린 뒤 새 주인의 품에 안겨 미국으로 건너가게 되었지요. 물론 그 덕에 승무원들이 고생깨나 했겠지만요.

낯선 도시에 와서 성공하는 이들이 나오는 영화에서처럼, 지츠는 온순한 성격 덕분에 영화 〈타잔〉에서 치타 역할을 맡게 되었어요. 그 후 계속해서 다른 영화에도 출연을 했고요.

주인공이 실패를 겪은 뒤 다시 일어나서 불운을 극복하는 영화들이 꽤 많이 있잖아요. 지츠와 지츠의 주인 또한 경제적인 문제로 한때 어려움을 겪었어요.

하지만 지츠가 화가로 성공하면서 그 문제가 해결되었지요. 농담처럼 들릴지 모르지만, 지츠가 손가락으로 그린 그림이 상당히 비싼 값으로 팔렸거든요. 심지어 한 비평가는 지츠의 그림이 사람이 그린 그림보다 훨씬 더 훌륭하다고까지 말했어요. 어

느덧 79세가 된(가장 나이 많은 영장류로 기네스북에 등재되었어요!) 지츠는 엄청나게 큰 무설탕 케이크(당뇨병 때문에)를 먹으며 생일을 축하했답니다.

그런데 스릴러 영화에서처럼 마지막엔 거의 모든 게 거짓으로 밝혀졌어요. 암컷으로 알려졌던 치타는 사실 수컷이었거든요. 더빙 과정에서 실수로 암컷으로 바뀌었다지요.

게다가 치타는 정작 소설 《타잔》에서는 나오지 않았다고 해요. 영화를 위해서 만들어진 거였지요. 그리고 지츠는 사실 치타를 연기했던 여러 원숭이 중 하나였어요. (사실 그것조차 확실하지는 않아요.) 그뿐만이 아니에요. 다른 영화에 출연했다는 지츠 주인의 말도 사실이 아니었답니다.

또한, 지츠의 나이도 확실하지 않다고 해요. 지츠가 태어났다고 추정되던 때에는 라이베리아 공화국에서 미국까지 가는 비행기가 없었거든요.

결국, 지츠의 삶은 그 자체로 한 편의 영화 같았어요. 그 안에 진실이 하나라도 존재하는지는 아무도 모르지만요.

12년 동안 주인을 기다린 개
카넬로

앞에서 이미 하치코의 이야기를 한 적 있어요. 충성의 상징으로 전 세계에 널리 알려진 일본 개 말이에요.

하치코에 비해 많이 알려지지는 않았지만, 스페인에도 얼마 전까지 스페인판 하치코가 살았어요. 12년 동안 병원 문 앞에서 죽은 주인을 기다린 개 카넬로에 대한 이야기를 들어 볼래요?

카넬로는 스페인 카디스에 살던 한 할아버지의 개였어요. 할아버지는 신장병을 앓았는데, 치료를 위해 일주일에 한 번씩 병원에 가곤 했지요. 카넬로는 늘 병원 문 앞까지 주인을 따라갔답니다. 그러고는 "여기서 기다려."라는 주인의 말대로, 몇 시간 뒤 주인이 다시 그 문으로 나올 때까지 참을성 있게 기다렸어요.

어느 날, 주인은 병원 문으로 들어간 다음 다시는 밖으로 나오지 못했어요. 치료를 받다가 세상을 떠나고 말았거든요. 하지만 카넬로는 사람들이 아무리 말려도 계속해서 기다렸지요.

하루, 하루, 또 하루…….

그렇게 12년 동안이나 문 앞에서 거의 꼼짝도 하지 않고 주인

을 기다리는 카넬로를 보고 카디스 사람들이 몹시 가엾게 여겼어요. 카넬로에게 먹을 것을 가져다주기도 했고, 병원 한 모퉁이에 쉴 곳을 마련해 주기도 했지요.

하지만 카넬로는 살고자 하는 의욕을 거의 잃고 말았답니다. 그렇게 카넬로를 포기할 수도 있었지만, 사람들은 쉽사리 외면하지 않고 힘을 모았어요. 그리고 한 단체에서 카넬로를 입양해 돌보기로 했지요.

카넬로는 정이 많아서 한동안은 사람들을 졸졸 따라다니기도 했어요. 하지만 어김없이 병원 문 앞으로 돌아가서 주인을 기다렸지요. 세상을 떠나는 그날까지도요.

카넬로가 세상을 떠난 뒤, 카디스의 모든 사람이 마음 깊이 그리워하고 있어요. 카넬로가 자기 주인을 그리워하던 것처럼요.

생체 공학 고양이
오스카

영화나 만화에서 '생체 공학'이라는 말을 들어 본 적 있을 거예요. 몸 일부를 기계로 대신한 사람들 이야기 말이에요. 그러면 혹시 생체 공학 고양이에 관해서도 들어 본 적 있나요?

고양이 오스카는 농장에서 주인과 함께 살았는데요. 어느 날 들판을 뛰어다니다 끔찍한 사고를 당했어요. 병원에 데려가 고통을 줄여 주긴 했지만, 안타깝게도 그만 뒷다리를 잃고 말았지요. 게다가 그런 상태로는 오래 살 수 없을 거라고 했다나요.

방법은 하나밖에 없었어요. 동물들한테 인공 기관을 이식하는 영국의 의사한테 데려가는 거였지요. 하지만 비용이 굉장히 비싸다는 게 문제였답니다. 다행히 누군가 오스카의 이야기를 듣고 SNS에 계정을 만들어 주었어요. 그 덕분에 오스카 이야기가 전 세계에 알려지자, 영국의 의사가 무료로 다리를 치료해 주기로 했지요.

의사는 오스카에게 인공 기관을 이식하는 과정에서 새로운 내용을 알게 되었어요. 그 내용이 사람에게 비슷한 인공 기관을

이식하는 기술을 발전시키는 데 크게 도움을 주었다고 해요.

　그렇게 오스카는 티타늄으로 만든 새 다리를 얻었답니다. 처음에는 새 다리를 잘 사용할 수 있을지 확신하지 못했어요. 새 다리에서는 감각을 느끼지 못했거든요. 다들 오스카가 전처럼 밖으로 나가 마음껏 뛰어놀지 못할 거라고 생각했지요.

　그런데 오스카가 새 다리에 어찌나 빨리 적응하던지 주인이 깜짝 놀랄 정도였다나요. 오스카는 새 다리를 사용하는 방법을 아주 정확히 알고 있었다나 봐요. 오스카가 좋아하는 놀이 중 하나인 텔레비전 전선 사이를 폴짝폴짝 뛰어다니는 것도 너끈히 해냈답니다.

　몇 달이 채 지나지도 않아서, 오스카는 집 밖으로 나가 쥐 사냥을 했어요. 주인은 그제야 한시름 놓고 이렇게 말했지요. 오스카는 자기가 처한 상황에 대해 그리 심각하게 걱정하지 않는 것 같다고요. 심지어 다리 한쪽이 잘못돼서 다시 수술해야 했을 때도 마찬가지였다고 해요.

　오늘날 오스카는 용감한 생체 공학 고양이로 전 세계에 널리 알려졌어요. 지금껏 과학계에 그토록 큰 발전을 가져온 고양이는 없었으니까요. 그것도 단지 두 다리로 말이죠.

영화 〈해리 포터〉 속 부엉이
기즈모

　기즈모는 영화 〈해리 포터〉에서 헤드윅 역으로 나온 흰색의 예쁜 부엉이예요. 〈해리 포터〉 시리즈에 첫 번째로 계약된 배우였지요.

　동물이 주인공으로 나오는 다른 영화에서처럼, 〈해리 포터〉에서도 서로 닮은 부엉이들이 헤드윅 역으로 함께 출연했거든요. 날아다니는 장면을 위한 부엉이, 전면 촬영을 위한 부엉이, 앉아 있는 역할의 부엉이……. 이렇게 모두 아홉 마리의 부엉이가 헤드윅 역을 맡은 거예요.

　그 아홉 마리 부엉이의 공통점은 모두 수컷이라는 거였어요. 영화 속 헤드윅은 암컷이었는데도 말이지요. 사실 수컷들이 좀 더 하얀 데다 덩치가 작고 가볍다는 장점이 있었거든요. 헤드윅을 팔에 올리는 장면이 많았던 배우들은 그 점을 은근히 다행스럽게 여겼다나 봐요.

　기즈모의 주인이자 조련사는 부엉이를 여러 문화권에서 지혜의 상징으로 여기지만, 실제로는 전혀 그렇지가 않다고 얘기했

어요. 예를 들어 까마귀는 하루 만에 자기 역할을 너끈히 익힐 수 있지만, 부엉이는 자그마치 석 달에서 여섯 달까지 걸린다는 거예요!

헤드윅을 연기했던 부엉이들은 영화 촬영이 끝난 뒤 스타 대접을 받으며 다양한 축제와 행사에 초대받았어요. 아, 그런데 여기서 잠깐! 충고 하나 할게요. 혹시 슬픈 이야기를 좋아하지 않는다면 이다음 이야기는 읽지 않는 게 좋을 듯해요.

기즈모의 마지막은 행복하지 않았거든요. 사진 촬영을 하는 동안 카메라 플래시에 놀라 창문으로 급히 날아가다가 그만…… 트럭에 치이고 말았답니다.

아이들의 마음속에서 영원히 살 수 있는 새가 있다면, 그건 바로 진정한 헤드윅 기즈모일 거예요!

마이클 잭슨의 반려동물
버블스

　버블스보다 더 유명한 침팬지는 아마 없을 거예요. 버블스는 마이클 잭슨의 반려동물 가운데 하나인데요. 버블스처럼 희한한 뉴스와 전설을 많이 남긴 동물은 여태 없었거든요.

　음악 천재였던 마이클 잭슨은 특이한 행동을 많이 했어요. 그 중 하나가 버블스와 관련된 거였지요. 마이클은 자신의 단짝인 버블스에게 기저귀를 입히고 대화도 무지 많이 나눴답니다.

　마이클은 과학 실험용 침팬지였던 버블스를 입양했어요. 둘은 서로를 아주 잘 이해했기 때문에, 마이클은 자신의 집에 함께 살고 있던 여러 침팬지 가운데 버블스를 가장 좋아했지요.

　마이클은 엄청난 성공을 거둔 앨범 중 하나인 〈배드〉를 녹음할 때 자신의 애완 뱀과 함께 버블스를 옆에 두게 해 달라고 요청했다고 해요. 그리고 일본 오사카 시장을 만나러 갈 때는 물론, 가는 곳마다 버블스를 데리고 다녔지요. 오사카에서는 마이클과 버블스가 차 한 잔을 둘이 나눠 마시기도 했다지요.

　버블스는 굉장히 호화로운 생활을 했어요. 유일하게 마이클

잭슨의 개인 화장실을 사용했을 뿐 아니라, 바나나를 꽉 채운 전용 냉장고도 가지고 있었거든요. 그리고 유명해진 덕분에 자기 인형 브랜드도 갖게 되었지요.

하지만 불행히도 다른 침팬지처럼 버블스도 나이가 들면서 점점 공격적으로 변했어요. 마이클은 양자로 들인 프린스 마이클 2세의 안전을 위해 어쩔 수 없이 버블스를 영장류들을 위한 시설로 보냈답니다.

마이클이 세상을 떠난 뒤에도 버블스는 계속해서 같은 곳에서 지내고 있는데요. 혹시 침팬지 친구 맥스한테 자신의 영광스러웠던 날들에 관해 들려주고 있는지도 모르지요.

(사실 버블스에 관해 헛소문이 엄청나게 많이 나돌았어요. 전부 마이클 잭슨을 조롱하려는 목적이었지요. 여기서는 확인된 사실만을 이야기했답니다.)

거북에게 입양된 하마
오웬

앞에서 고양이를 입양한 고릴라 이야기를 읽었지요? 이번에는 몇 년 전에 인터넷을 뜨겁게 달구었던 더 놀라운 이야기를 들려줄게요.

전해지는 바에 따르면, 태어난 지 얼마 안 된 오웬은 엄마와 함께 케냐의 해변을 산책하던 중에 갑작스러운 쓰나미로 바다에 빠지게 되었어요. 날아가는 하마라니! 혹시 상상이 되나요? 오웬이 지나가던 배에 구조되었을 무렵, 엄마는 어딘가로 사라진 뒤였지요. 그 후 오웬은 케냐 국립 공원으로 보내졌어요.

그런데 문제가 한 가지 생겼어요. 하마들은 무리를 이루어 사는 동물이거든요. 새끼들은 태어나서 사 년 동안 엄마 곁에서 지내게 되지요. 고아들은 당연히 엄마를 무척 그리워할 수밖에요.

고아가 된 하마 오웬은 130세가 된 거대한 거북 엠지를 보자마자 뒤를 졸졸 따라다니기 시작했어요. 엠지는 처음에 오웬을 귀찮아하면서 공격하려고도 했지만 아무 소용 없다는 것을 곧 깨달았지요. 오웬은 겉으로 보기엔 아기였지만 그 어떤 동물들

보다 피부가 단단했거든요.

 오웬은 포기하지 않고 엠지가 어디에 가든 졸졸 따라다녔어요. 심지어 엠지를 따라 호수에서 목욕도 했지요. 결국 포기를 한 건 엠지였답니다. 엠지가 오웬을 입양한 뒤 둘은 잠시도 떨어지지 않았다고 해요. 심지어 엠지는 오웬이 공격을 받을 때마다 보호해 주기까지 했다는걸요.

 둘이 함께 있는 모습은 아름다웠지만, 오웬과 엠지는 곧 헤어져야 했어요. 오웬의 몸집이 어마어마하게 커지는 바람에 엠지가 위험에 처할지도 몰라서요. 다행히 오웬은 암컷 하마를 만나서 행복하게 지냈지요.

 그나저나 오웬은 어째서 엠지를 선택했을까요? 오웬의 조련사는 답을 알고 있었는데, 엠지의 거대한 등껍질과 색깔이 자기 엄마와 가장 비슷했기 때문이었대요.

"나는 인간의 권리만큼
동물의 권리도 소중하다고 생각해요.
그것만이 완벽한 인간이 되는 길이니까요."
_ 에이브러햄 링컨(미국의 제16대 대통령)

실제로 존재하는 동물들?

이제부터 세상에서 가장 특이한 동물들을 만나게 될 거예요. 상상 속의 동물들도 있지만, 100퍼센트 실제로 존재하는 동물들도 있어요. 물론 믿기 힘들겠지만요! 실제로 존재하는 동물들은 무엇무엇인지 알아맞혀 보아요. 정답은 맨 끝에!

유니콘

역사상 최초로 이야기된 동물 가운데 하나예요. 첫 번째 문명 제국 중 하나였던 바빌로니아에 유니콘을 그린 그림들이 있어요.

유니콘은 뿔 하나가 달린 말로 알려졌지만, 이따금 양으로 표현되기도 해요. 중세 시대 사람들은 가루로 만든 유니콘의 뿔이 질병을 치료한다고 믿었다지요.

빅풋

북아메리카 지역에서 목격된다고 알려진 거대한 유인원이에요. 몸집이 매우 크고 털이 났으며 주로 숲에서 살아요. 신비 동물 중에서 발자국이 유독 많이 발견되는 편이지요.

길이 60센티미터, 넓이 20센티미터 이상의 큰 발자국 때문에 'Big Foot(큰 발)'이라는 이름이 붙었답니다. 2~3미터의 키에 150~450킬로그램의 무게일 거라 추정하는데, 유인원처럼 검은색이나 어두운 갈색의 털이 온몸에 덮여 있다고 해요.

네시

네스호에 사는 유명한 괴물 네시를 최근에 만들어 낸 허구의 생물체라고 믿는 사람이 많아요. 그런데 분명한 건 영국 스코틀랜드에서 이미 수백 년 전부터 네시에 대한 이야기가 전해져 왔다는 거예요.

네시를 외딴 호수에 사는 바다 공룡의 후손이라고 믿는 이들도 있지만, 그저 거대한 뱀장어의 한 종류라고 주장하는 사람들도 있어요.

오리너구리

호주에서 많이 이야기되는 동물인데, 사실 오리너구리의 존재를 인정하는 데는 꽤 오랜 시간이 걸렸어요.

몸은 비버와 비슷하지만, 주둥이는 오리 주둥이 같고, 발에는 물갈퀴가 발달했으며 알을 낳는다고 일러졌지요.

오리너구리를 본 사람들은 하나같이 이 동물이 온순하고 장난을 좋아한다고 말해요. 사실 오리너구리는 독이 있는데, 자신을 방어할 때만 쓴다지요?

매머드

거대한 상아가 있고, 마치 거대한 양처럼 털로 뒤덮여 있으며, 코끼리와 닮은 모습을 하고 있어요.

러시아 북부의 초원에서 살았는데, 이제는 완전히 자취를 감추었답니다. 선사 시대 때 매머드를 지나치게 사냥한 탓에 멸종에까지 이르게 된 거예요. 얼음 속에서 완벽히 보존된 매머드 사체를 파내서 먹는 부족들도 있다나요?

사이렌

오늘날 우리가 알고 있는 그런 인어들은 실제로 존재하지 않아요. 다리 대신 물고기 꼬리를 가진 여자들 말이에요. 만화 영화 〈인어 공주〉의 주인공을 떠올리면 상상하기가 쉬울 거예요. 왕자를 사랑한 나머지 물거품이 되었다는…….

그 대신 그리스 신화에는 얼굴과 상반신이 여자의 모습인 거대한 새가 등장해요. 사이렌이라 알려진 이들은 암초에서 아름다운 노랫소리로 뱃사람들을 홀려서 배를 난파시켰다지요?

미노타우로스

그리스 신화에 등장하는, 반은 남자 반은 소의 모습을 하고서 뒷다리로 걸어 다니는 거대한 괴물이에요. 이들은 사람의 지능을 갖고 있을 뿐 아니라 말도 할 수 있지요.

매우 사나운 데다 키가 3미터나 되다 보니 사람들을 손쉽게 공포에 떨도록 만들어요. 그래서 사람들이 자신들을 공격하지 말라며 음식을 갖다 바쳤다나요. 아, 미노타우로스는 그리스어로 '미노스의 황소'라는 뜻이에요.

미니타우로스

미니타우로스와 관련된 책은 거의 없어요. 분명 미노타우로스와 관련이 있지만요. 음, 미노타우로스에 비해 크기는 새끼 고양이만큼 조그맣고, 위협적인 대신 사랑스럽다는 차이가 있지요.

으르렁거리긴 하지만, 곧바로 얌전히 잠이 들어요. 걸어 다니는 대신 기어 다녔고, 인육 대신 우유를 더 좋아한다나요. 음, 귀엽……. 아무래도 아기 같은 느낌이지요? 그래서일까? 어린이를 위한 그리스 신화에만 등장해요.

날아다니는 뱀

중국 신화에 날개 달린 뱀들이 가끔 나오는데, 실제로 날개 없이도 날 수 있는 뱀이 있어요. 사실은 나무와 나무 사이에서 몸을 던져 공기 중에서 유선형으로 몸을 비틀어 활공하는 거예요.

언젠가 동남아시아의 밀림을 거닐다가 머리 위로 뱀이 떨어진다면? 음, 하늘을 나는 뱀이 진짜 있다는 사실을 깨닫게 되겠지요. 물론 뱀한테 잡아먹히기 직전에 말이에요!

라이거

라이거는 수사자와 암호랑이 사이에서 태어난 잡종이에요. 얼굴은 사자를 닮았지만, 몸집은 사자보다 더 크고 몸에는 호랑이처럼 줄무늬가 있어요.

사자와 호랑이는 원래 짝짓기를 하지 않아요. 다시 말해, 라이거는 사람의 작품이라고 할 수 있지요. 좀 더 복잡한 이야기를 들려줄까요? 암컷 라이거가 수컷 사자와 교배하면 새끼는 '리라이거'가 되고, 수컷 호랑이와 교배하면 새끼는 '티라이거'가 되는 거예요.

일각고래

고래와 비슷하지만 2미터에 달하는 거대한 뿔을 가지고 있어요. 사실 그건 뿔이 아니라 엄니예요. 몸길이는 대략 6미터 정도 되어요.

일각고래는 북극에 사는데, 바닷속 깊이 잠수하는 포유류 중 하나로 무척 온순하다고 해요. 옛날에는 일각고래의 엄니를 유니콘의 뿔이라고 속여서 팔기도 했다네요.

다리 달린 고래

이 그림을 보는 순간 웃음이 터져 나올지도 모르지만, 과거에 정말로 존재했던 동물이에요. 현재 고래들의 선조였달까요! 세월이 흐르면서 뒷다리가 지금처럼 꼬리로 변하게 된 거지요.

믿기지 않겠지만, 이 고래들은 하마의 후손이있어요. 2008년에 인도 뉴델리의 한 버스 정류장에서 버스를 기다리고 있던 다리 달린 고래가 발견되면서 비로소 그 존재가 증명되었다고 하지요.

루돌프

신화 속 순록인 루돌프는 날개 없이도 날 수 있는 몇 안 되는 동물들 가운데 하나예요. 사실 루돌프가 다른 순록과 다른 점은 붉고 빛나는 코를 가졌다는 거지요.

일 년에 딱 한 번 전 세계를 날아다니는 게 다지만, 짐을 나르는 동물로서 큰 사랑을 받고 있어요.

최초의 루돌프는 요정들 옆에서 발견되었다나요.

"살아 있는 생명체를 사랑하는 것은
인간의 가장 숭고한 속성이에요."

_ 찰스 다윈(영국의 생물학자)

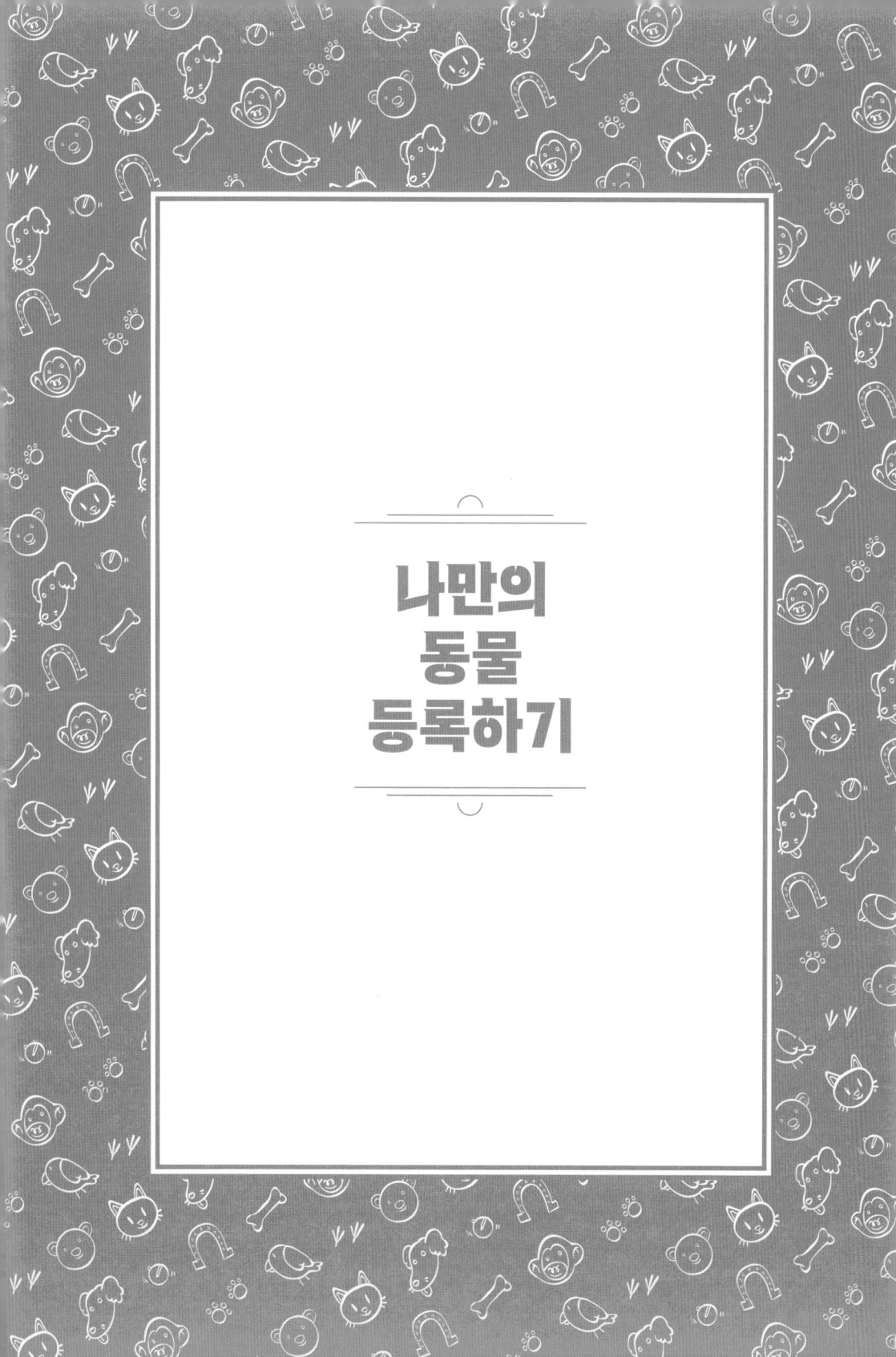

나만의 동물 등록하기

나만의 동물 등록하기

**다들 좋아하는 동물이 하나쯤은 있잖아요.
혹은 더 많을 수도 있고요!**

이 책에 추가하고 싶은 동물이 있는지 곰곰이 생각해 봐요.
그런 다음에 등록 카드에 그 동물의 특징을 적어 보아요.

이름 : ....

종 : ....

성별 : ....

크기 : ....

무게 : ....

나이 : ....

궁금한 점 : ....

....

....

....

....

....

나는 이 동물을 이 책에 포함시키고 싶다. 왜냐하면 ....
....
....
....
....
....
....
....
....

라임 주니어 스쿨 011
위대한 동물 사전

첫판 1쇄 펴낸날 2021년 10월 27일
　　2쇄 펴낸날 2022년 4월 20일

지은이 마르셀로 마잔티
그린이 마르 귀세　**옮긴이** 김지애
펴낸이 박창희
편집 김수진 이민주　**디자인** 정진희 강소리
마케팅 최창호　**회계** 양여진
인쇄·제본 영신사

펴낸곳 (주) 라임
출판등록 2013년 8월 8일 제 2013-000091호
주소 경기도 파주시 심학산로 10, 우편번호 10881
전화 031) 955-9020. 9021　**팩스** 031) 955-9022
이메일 lime@limebook.co.kr　**인스타그램** @lime_pub

ⓒ라임, 2021
ISBN 979-11-89208-89-9 74400
　　　979-11-85871-25-7 (세트)

* 잘못된 책은 구입하신 서점에서 바꾸어 드립니다.
* 본서의 반품 기한은 2027년 4월 30일까지입니다.
* KC 마크는 이 제품이 공통안전기준에 적합하였음을 의미합니다.
* 던지거나 떨어뜨려 다치지 않도록 주의하세요.